雅典
帝国史

[英]G.W.考克斯 著

王海 周恬恬 译 王晓晴 校

The
Athenian Empire

台海出版社

图书在版编目（CIP）数据

雅典帝国史 /（英）G.W. 考克斯著；王海，周恬恬译 . — 北京：台海出版社，2023.1
ISBN 978-7-5168-3373-5

Ⅰ . ①雅… Ⅱ . ①G… ②王… ③周… Ⅲ . ①雅典（古国）—古代史—研究 Ⅳ . ①K125

中国版本图书馆CIP数据核字（2022）第152459号

雅典帝国史

著　　者：（英）G.W. 考克斯　著　　王　海　周恬恬　译	
出 版 人：蔡　旭	封面设计：主语设计
责任编辑：王　萍	

出版发行：台海出版社
地　　址：北京市东城区景山东街20号　　邮政编码：100009
电　　话：010-64041652（发行、邮购）
传　　真：010-84045799（总编室）
网　　址：www.taimeng.org.cn/thcbs/default.htm
E - mail：thcbs@126.com

经　　销：全国各地新华书店
印　　刷：北京市兆成印刷有限责任公司

本书如有破损、缺页、装订错误，请与本社联系调换

开　　本：710毫米×1000毫米　1/16	
字　　数：198千字	印　张：13.75
版　　次：2023年1月第1版	印　次：2023年1月第1次印刷
书　　号：ISBN 978-7-5168-3373-5	

定　　价：78.00元

版权所有　翻印必究

前　言

雅典帝国的兴衰史跨越了两个时代。

雅典帝国的快速成长和逐渐衰落，与现代社会重大事件的缓慢进程形成了鲜明的对比。而且，世人从雅典帝国兴衰史中学到的政治教训和智慧，就像现代国家的发展史给予我们的启示一样重要。雅典帝国的发展史中充满有组织的活动，起初我们或许没有意识到，这些组织已经逐渐演绎成一个小型的、严密的政治社会——城邦。其中，很多城邦的政治理念得以在绝对孤立的环境中实施。有关雅典帝国的史实说明，在这些城邦中，越来越多的人倾向于建立城邦帝国，并且决意反抗独裁专制集团狭隘而孤立的统治政策。所有城邦的专制集团很自然地聚集在斯巴达周围，就像民众被雅典吸引，向雅典靠拢一样。伯罗奔尼撒战争实际是两个集团之间的战争；斯巴达得到雅典傲慢贵族阶层的鼎力支持，对他们而言，实现专制统治是人生中的终极追求，而这个目标要依靠暗杀和暴力革命才能够实现。由于对律法的漠视，人民道德败坏、品行低下，之后造成了更严重的后果——整个雅典舰队的军官开始倒向敌人。雅典同盟的所有城邦都形成了斯巴达那样严酷的专制统治。

修昔底德（Thucydides）[1]在《伯罗奔尼撒战争史》一书中，对这场意义重

---

[1] 古希腊历史学家、文学家，雅典十将军之一，其著作《伯罗奔尼撒战争史》在西方史学史上有着重要的地位。——译者注

大的战争进行了非常清晰而准确的叙述，我们几乎可以从中看到这场战争的全貌。在书中结尾的章节我们还可以读到色诺芬（Xenophon）的粗略记录，或者如狄奥多罗斯（Diodorus）这样的作家编纂的文字。

我在拙作《希腊历史》(*History of Greece*)第二卷中全面讨论过这本书的背景。虽然我对雅典帝国史的研究有一定的局限性，可能会带给读者不全面的视角，但是，我仍然选择毫不犹豫地再现这部伟大历史中最引人注目的场景以及最杰出的"演员"，这些是我多年思考和努力的成果。我相信，它们是那段发生在人类历史上最重要阶段之一的史实写照。

目 录

前　言
/ 1 /

第一章　从提洛同盟到雅典帝国
/ 1 /

第二章　雅典与斯巴达的初次争战
/ 35 /

第三章　伯罗奔尼撒战争
/ 49 /
从发动普拉提亚战役到占领斯帕克特里亚岛

第四章　伯罗奔尼撒战争
/ 79 /
从被困于斯帕克特里亚的斯巴达人投降到米洛斯岛大屠杀

第五章　伯罗奔尼撒战争
/ 107 /
西西里远征

第六章　伯罗奔尼撒战争
/ 143 /
从西西里远征失败到雅典四百人寡头政变

第七章　伯罗奔尼撒战争
/ 175 /
从基诺塞马战役到雅典投降

附　录　专有名词对照表
/ 203 /

译者说明
/ 214 /

第一章
从提洛同盟到雅典帝国

希波战争[1]之所以意义深远，是因为自愿遵守法律的精神战胜了暴君的专制统治。普拉提亚（Plataia）战役和米卡尔（Mykale）战役是希波战争中的两场关键之战。最终，古希腊几座城邦[2]的居民赢得了希波战争的胜利。在他们眼中，追求独立比猜疑与嫉妒其他城邦更有意义。如果这种情绪频繁出现，就会导致战争爆发。古希腊历史学家希罗多德（Herodotos）坚信，在希波战争中，雅典人的本领、智慧和力量即使不是制胜的全部因素，也是制胜的重要保障。长期以来，在诸多因素的共同作用下，造就了与众不同的雅典政策，使之有别于其他城邦狭隘、短视的排他主义。希罗多德认为，如果不是地米斯托克利（Themistocles）[3]将军致力于拓展雅典的宏图霸业，波斯皇帝薛西斯（Xerxes）可能成为最终赢家。同时，如果雅典人民之前没有接受过政治教育，那么地米斯托克利的成功也只能化为泡影。

> 雅典人民的政治教育

不过百年时间，雅典已今非昔比。雅典曾经只是一座默默无闻的城市，在氏族贵族（Eupatrid）的压迫之下苟延残喘，似乎永无得到解脱的希望。平民被剥夺一切政治权力，并受制于僵硬排他的等级制度。还有禁令规定，如果平民获得政治权力，是对神的亵渎。平民心无所向、毫无斗志，只剩屈

> 雅典人民的政治教育

---

[1] 希波战争（公元前499—前449年），即波斯战争。这里翻译为"希波战争"，旨在表明战争双方。——译者注

[2] 原文中的"city"译为"城邦"而非"城市"。"城邦"在公元前8世纪至公元前6世纪已形成，早于希波战争，希腊一方以各城邦联合的形式参战。——译者注

[3] 地米斯托克利（约公元前524—前460年），古希腊政治家、军事家，曾任雅典执政官，主张扩建海军，以抵御波斯帝国的侵略。——译者注

从，要么俯首于交错更迭的各股势力，要么屈服于鹬蚌相争中坐收渔利的暴君。雅典平民在诸派势力的斗争中保持中立，梭伦（Solon）认为，这种漠然态度将带来无穷后患，他斥其为最严重的政治罪行。梭伦立法[1]后，农民开始有权拥有土地。此外，梭伦还将财富数量作为官员任职的条件，这些立法对旧有的社会制度造成重创。即使如此，梭伦的种种经验与警告最终只是徒劳。庇西特拉图（Peisistratos）掌权后，更确切地说，是他的两个儿子即位后，雅典陷入暴政统治之中。统治阶级毫无作为，民众生活苦不堪言。不过，通过梭伦改革，至少雅典公民已经能在官员选举中发声，也有权在官员卸任时进行评判。因此，即使面对暴政，他们也能全身心地投入克里斯提尼（Kleisthenes）的改革计划。雅典的贵族世家认为，将选举权授予旧宗教部落之外的平民的行为，并不是反抗统治阶级压迫，而是对神的不敬。克里斯提尼的改革旨在颠覆贵族理论，宗教在遭受打击之后，只能以宗教协会的形式继续存在。克里斯提尼建立了一批新的部落，吸纳了雅典所在大区阿提卡（Attica）[2]全部的自由人口。据说，也有非自由人口加入这些部落。同时，他还建立一套崭新的秩序，立即唤醒了民众的激情。不到十五年的时间，曾经被迫屈服于庇西特拉图家族暴政的平

---

[1] 梭伦于公元前594年颁布"解负令"。法令规定：废除所有债务；因债务导致卖身的农民一律释放；因债务而卖到外邦做奴隶的农民由城邦赎回；废除六一汉制度，因债务被抵押的土地一律归还原主；禁止以人身为担保的借贷。——译者注

[2] 古希腊时期的阿提卡大区是现在希腊首都雅典的所在地。——译者注

民站起来了。波斯总督[1]阿塔菲尼斯（Artaphernes）用雅典人的自身安全作威胁，要求希庇亚斯（Hippias）[2]重回雅典。但是，雅典民众直接拒绝了这个要求。

然而，无论是克里斯提尼还是梭伦，他们的改革都未能撼动一个观念：无论过去、现在，还是将来，作为城邦的雅典始终是政治社会中的一个基本单元。历经克里斯提尼和梭伦的改革，曾经为雅典贵族所鄙夷和嫌恶的平民，获得了参与制定法律的权利。但是，他们的改革就此止步了，未能进一步将斯巴达（Sparta）、雅典、底比斯（Thebes）和科林斯（Corinth）[3]这几座城邦统一，以组建一个利益共享、责任共担的国家。此后的几个世纪中，统一大业都未能完成。当时机真正来临时，能完成这项大业的既不是任何一座希腊城邦，也不是全体希腊人民。不到九十年的时间，整个世界见证了一个海洋帝国的崛起，它是希波战争的直接产物，似乎有可以实现统一的希望。

雅典公民的性格

经历了波斯舰队和军队的重创，雅典开始与小亚细亚的希腊人及其之前的统治者建立新的关系，随即他们的使命感被唤起了，他们采取行动的步伐也加快了。雅典人不再关心那些影响城邦独立的问题；斯巴达人也毫不嫉妒雅典人竭力扩张带来的影响，他们无比地渴望所有城邦都能承担责任，简而言之，这些都是他们

雅典人与小亚细亚希腊人的关系

1　总督负责治理行政长官拥有的土地、收取税款、控制地方官员以及所属的部落和城市，同时是一个省的最高司法官，在所有民事和刑事案件中担任审理"主席"。——译者注

2　希庇亚斯是庇西特拉图之子，在被克里斯提尼放逐之后，他与斯巴达势力勾结，斯巴达人与波斯人都企图让希庇亚斯重回雅典。——译者注

3　科林斯，古希腊城邦，位于伯罗奔尼撒半岛的东北，是贸易和交通要地，同时是战略重地。——译者注

不应该拒绝，也无法拒绝的责任。这些城邦似乎未曾考虑过，如果今后退出联盟会引发哪些后果；雅典执政者也未能预见，其海洋霸主地位会在希腊西部引起怎样的嫉妒与敌意。地米斯托克利锲而不舍地拓展霸业，这是雅典竭尽全力夺取"海上霸权"的关键所在。地米斯托克利东征西战，最终如愿以偿，他的功绩也让后世人受益无穷。雅典将领在履行使命的同时，心中原有的城邦孤立主义被逐渐削弱，新的主张逐渐占据主导地位：实现更远大的目标，制订更宽容的政策。斯巴达曾提议把居住在小亚细亚的爱奥尼亚人（Ionian）[1]迁移到爱琴海（Aegean Sea）西岸。对此，雅典断然拒绝。他们已经意识到，必须采取行动保护那些早期由雅典迁出的移民，使他们不受波斯税使的欺压。换言之，当一个嗅觉灵敏、实力强大的敌人紧随身后时，必须建立并维持一个有序的政府与之对抗。

提洛同盟成立　　联盟建立后，各城邦必须遵守规则，"各司其职，各尽其责"，杜绝一切不劳而获、坐享其成的行为。此外，联盟必须推行公正的治理。并非只有其他城邦的人会互相对立，雅典人也会针对联盟的新成员。毋庸置疑的是，当上述情况发生时，必须确保受害方有机会诉诸法庭，而法庭必须公平、公正。更为关键的是，集体利益的发展离不开个体独立性的牺牲，后者一旦不加约束，就会演变成违法行为，只有自发的约束才能带来真正的自由。所有城邦都必须充分领悟这个伟大的训诫，并将这种观念灌输给其他新的城邦。总之，希腊城邦正在建立一个巨大的联盟体制，成员有大有小，有强有弱。独立的个体通常只考

---

[1] 爱奥尼亚人是古希腊民族重要的东部支系成员，公元前1000年前后自阿提卡和希腊中部的其他地区迁移到安纳托利亚。——译者注

虑如何谋取一己私利，而如果要成就共同的事业，则需要引导所有人突破这一局限。为了顺利开展一系列行动，同盟城邦将希腊政客视如珍宝的教义弃如敝屣，这是建立联盟最先引发的后果之一。

新联盟建立后，从前不愿参与的个别城邦也会依附过来，这并非出于他们自己的选择，而是大势所迫。按照盟约，提洛同盟（the Delian confederacy）获得的一切利益必须由全体成员共享，既包括小亚细亚西海岸的各希腊城邦，也包括爱琴海地区的全体居民。提洛同盟决不允许任何波斯总督用重税折磨希腊大陆上的人民，也决不允许任何波斯税船驶入雅典盟邦的港口。这些伟大目标必须依靠处于波斯势力范围内的全体希腊人合力才能实现。虽说起初这些城邦的加入是自愿的，但实际进程还得靠强制力量推进。在之前统治者的眼中，希腊人犯下了不可饶恕的罪行，唯一能为他们提供庇护的就是雅典。希罗多德坚信，如果没有雅典，希腊人民永远不能摆脱压迫的枷锁。

提洛同盟成立后，如果某城邦保留并行使自由退出的权利，无论对雅典公民，还是对临近城邦的居民，都会造成巨大的不公。对于提洛同盟来说，只有承担责任，才能达成目标；只有获得财富，才能实现计划。拒绝履责或者逃避责任的城邦仍可继续分享同盟的共同利益，但是，这样做会把负担转移到那些忠诚如一的城邦身上，还会引起不安情绪。雅典必须确保在提洛同盟中，无论城邦大小都能分享同等的利益。这不仅是雅典必须承担的责任，更是其切身利益所在。所有成员必须明白，为了更好地实现集体利益，必须对各城邦的独立行为有所限制；在提洛同盟中，各城邦的地位等同于一座自治城市中人民个体

雅典同盟的负担与约束

的地位。这无疑是一条伟大的经验教训。如果没有反对势力与之对抗,提洛同盟最终一定会发展为一个真正的希腊国家。然而,不幸的是,这股反对势力很快开始实施暴力行动。

<small>提洛同盟中民主情绪的增长</small>

雅典人非常愿意遵守同盟规则,他们不惜代价,坚决要求其他城邦也严格服从。插手其他城邦的内政绝非雅典本意,事实上,雅典也不应该因此受到指责。如同前几代雅典政治家,阿里斯提德(Aristeides)也预感到海洋霸业的发展势必会孕育新的思想,并会威胁到贵族阶级的排他主义,他认为正是希腊港口城市比雷埃夫斯(Peiraieus)附近的"海上暴徒"孕育了民主制度。雅典海军与提洛同盟的其他成员建立了日常交流,并和与自己政治信仰相似的城邦建立了亲密关系。换言之,他们已经与民主团体抑或是寡头政治执政者所谓的城邦民主派或者暴民群体建立了联系。随之而来的结果是,民主情绪增长到足以为所有依然掌握权力的城邦寡头执政者敲响警钟;城邦分裂也因此衍生出更多的自然性动机,这些衍生的动机逐渐冷却了早期同盟时代那些最忠诚的人民的热情。在这些城邦中,寡头执政者有必要以世袭贵族势力设定的堡垒,即斯巴达城邦马首是瞻;在分辨未来事件的影响方面,斯巴达式的模糊和迟钝,被希腊科林斯人的睿智所弥补,现在,他们终于从独裁执政者希庇亚斯被驱逐时的徒劳告诫中吸取了教训。

<small>雅典和斯巴达两个不同的政治中心</small>

事实上,希腊各城邦出现了两股势力,并以此为中心形成截然不同的发展趋势:民主派公民观望雅典城邦的发展,其他人则自认为是斯巴达的天生同盟。导火线就此埋下,可能随时被点燃,进而引发致命的冲突。可以断定,这些对立势力之间的冲突势必会爆发,而且可能不会拖延太久。事实的确如此,

在波斯人于普拉提亚和米卡尔被击败五十年之后,斯巴达与雅典之间出现了对抗的苗头,虽然伟大的雅典帝国的没落只用了三十余年,但实际上,近三代人都在寡头执政者不断干扰和破坏制度的背景下艰难度日。正如他们之前的料想,这对于每个独立希腊城邦的自治权而言都是致命的打击。但这并不意味着,是他们的直觉欺骗了自己。问题在于,雅典帝国从其同盟那里获取的利益是否超越了斯巴达的霸权?希腊城邦能否凭此变成一个国家?有迹象表明,最终带来的只是科林斯人不灭的冷漠和斯巴达人日渐增长的仇恨。

起初,没有什么能够引起人们对于斯巴达或者科林斯的羡慕。战后的雅典城不过是一座废墟。城中的庙宇被烧毁,田地被荒废,农场、建筑物被拆除或者毁坏。外邦人的离开对整个国家的发展前景来说更是非常大的灾难,并且有非常深远的影响。没有什么能说服他们把财产、技术、工艺带到一个连自己的人身和财产安全都无法保障的领地。但是如果没有他们的财富,国家就无法恢复往昔的繁荣,那么,地米斯托克利关于雅典城邦应该发展海上霸权的设想也就无法实现了。他认为,雅典坚固的防御设施能吸引他们回到城邦。同时,他也清楚地认识到,将城邦从雅典迁移到比雷埃夫斯才能让人民获取最大的利益,雅典卫城(Akropolis)应该作为供奉古老神灵的圣地,这里的庙宇应该保持适当的奢华。他认为,可以冒险地将比雷埃夫斯的防御设施修建得简易一些。不过,地米斯托克利现在不会,以后也不会明确这个政策,他做出这个结论只是为了抛出一个提议,那就是放弃旧城邦及其所有由来已久的联盟。但是此时,更严峻的形势出现了,阻碍了修复雅典城墙的计划。

波斯人入侵雅典后

重建雅典城墙　　为了追随雅利安（Aryan）的古老文明，也可能是斯巴达人一时头脑糊涂，又或许是为了展示其精湛的工艺，斯巴达城邦保留了四个没有围墙的村落。但是他们在此刻展开了讨论——城墙是强盗的奢侈品，还是诚实公民的必需品。底比斯城邦并无特别之处，只是在薛西斯或者马多尼奥斯（Mardonios）的手中其防御工事得到加强；科林斯的地峡能够充当防御整个伯罗奔尼撒半岛（Peloponnesos）以及到此地寻求避难的人们的屏障。假如这样的争论能够被接受，那么，有一点很清楚，伯罗奔尼撒半岛以外的其他城邦的政策都受到了波斯人入侵伯罗奔尼撒半岛的直接影响。对于给人民强加这种观念的无理暴君，地米斯托克利将军并没有犹犹豫豫地不敢谴责，也没有嘲笑那些认为战争能够维持原状也不会造成任何变化的愚蠢想法。斯巴达人提出重建要求，而雅典人表示无法重建自己的城墙之后，斯巴达人建议推倒地峡以北其他所有城邦的城墙，与他们连接起来。因此，地米斯托克利被迫在演讲中保持谨慎的态度，他承认自己没有关注这项提案，同时提出派他独自前去，担任驻斯巴达大使，而且要求在城墙的高度能够抵御外敌之前，不要再派遣其他人员前去。为了回报他的真诚，城墙工程以超乎想象的速度向前推进，即使如此，身在斯巴达的地米斯托克利仍然表示，不明白为什么他的同僚现在没有出现。当斯巴达人的愤怒即将到达顶点时，地米斯托克利再次表明，都是因为自己的疏忽，请斯巴达尽快派遣驻雅典公使了解事实的真相。此后，地米斯托克利为了保护自己的安全，行事更加小心。不过，他很快听说，他们一行人已经安全了。他告诉斯巴达人发生的所有事情，坚信雅典城邦有权利具备稳固而坚挺的城墙，除非这项权利在伯罗奔尼撒半岛所有的城邦都被废除。他认为，如果一个城邦相对于其他城邦处于有利的地位，那么像言论自由这样的权利是不可能实现的。雅典同盟的所有城邦必须能够做到行动自由，如果同盟阻碍了这种自由，那么，他们一定会为自己争取这种自由。

但是，地米斯托克利认为，他的工作只完成了一半，或者说，只要雅典城邦被抛弃，或者并未得到海军的直接保护，那么其工作最核心的部分就尚未开始。有些几近荒谬的声音，呼吁争取城邦的海上霸权，而这座城市的居民已经在同一年被迫两次离开家园到别处寻求居所。掌握海上控制权将招致无妄之灾，但是，如果像他希望的那样，即旧城邦就不能被放弃，而且城邦必须依赖港口未来的繁荣才能得以生存，那么这些港口一定要设置在免于外来攻击的范围内。地米斯托克利认为法勒隆（Phaleron）三面环海，广阔的海域不利于修建城墙。根据他的计划，比雷埃夫斯和穆尼希亚（Mounychia）港口将被坚固高大的城墙围绕，这样，即使是战争时期，城中的老人和孩子也足以抵御外敌入侵。最终城墙只垒建到他设计高度的一半，即使这样，他的目的仍然得以实现。

<small>比雷埃夫斯的防御工事</small>

几乎希腊的所有城邦都唯雅典马首是瞻。曾经有一段时期，雅典城邦的霸主地位无人能撼动，敌人的每次入侵都会遭遇挫败。斯巴达人很少积极参与公共事务；斯巴达人认为他们的将军能够找到阻止泛希腊霸权阴谋的最有效的方法，如果有这样的霸权阴谋存在的话。即使我们相信这个计划，在普拉提亚，帕萨尼亚斯（Pausanias）也表达了他的震惊，一个奢靡的暴君想征服贫瘠的土地和顽强的人民，这是多么愚蠢的想法。但是，他同时提到，他为波斯的财富感到惊叹，而且很欣赏波斯

<small>斯巴达国王帕萨尼亚斯叛国</small>

人的乐观性格。但事实上，他叛国的事实几乎没有讨论的余地，比没收债务人财产的传统细节还值得相信。毋庸置疑的是，在拜占庭陷落时，他把城邦中关押的犯人送给了波斯国王，还散布他们已经逃跑的谣言。我们还了解到，帕萨尼亚斯通过耶利多里人龚基拉斯（Gongylos）转交给薛西斯一封信。他在信中说，希望迎娶薛西斯的女儿，并且希望成为所有希腊人的领袖，他还附言说，如果有了薛西斯的帮助，他胜券在握。

来自居鲁士（Cyrus）和大流士（Darius）的意志[1]被激怒了，帕萨尼亚斯渴望与波斯王室联姻，他什么都没有付出，却妄想得到波斯的支持。这封信的内容很简单，肯定出自斯巴达人之手。但是信也有可能因为被认为是伪造的而搁置一旁。密谋者非必要时通常不会保留危险的个人信件，因为这完全没有必要。但是，斯巴达密谋者却会因为被诱导而保留这些信件。我们无法想象，帕萨尼亚斯会主动将自己写给薛西斯的信件保留下来，他也根本不会保留那封来自对方的信件。因为一旦被发现，他就会被判刑。据说，修昔底德的文稿中包含了帕萨尼亚斯写给薛西斯的某些信件。帕萨尼亚斯写给薛西斯的最后一封信，被他的奴隶，一名阿吉拉斯人（Argilian）故意交到了五监察官（the Ephors）[2]手中，而这封信中写有处死信差的指示。可以从中得知，以前的信差所送的信件中也包含同样的指令。那么，这些信的内容是如何被披露的呢？很有可能是从保存于

---

[1] 薛西斯是大流士之子，他的母亲阿托莎是居鲁士的女儿。——译者注

[2] 五监察官，古代斯巴达每年由公民大会选取产生，监督国王，审理国王越权等非法行为。——译者注

索萨（Sousa）的档案中发现的，这样的信件不可能被保存下来，会对帕萨尼亚斯造成很大威胁。我们也没有理由假定，帕萨尼亚斯自己会书写这样的话，但是，国王从哪里找来一位如此值得信赖的写信人，不仅向他透漏自己蓄谋已久的计划，而且让他知道信差须处死的指令。

简而言之，如今我们拥有的这些信件是杜撰出来的。而这牵扯到另一件重要的事情，此事涉及另外一个人物，这个人物比帕萨尼亚斯更为卓越。但是，以我们目前对于斯巴达情况的认识来看，如果从拜占庭解救几名俘虏能够抹去普拉提亚大屠杀的记忆，那么赢得薛西斯的感激之情自然也是很容易的。事实或许是这样的。有消息传到斯巴达，帕萨尼亚斯穿着波斯人的服装，在模仿东方暴君的一举一动。消息还提到，当他走出宫殿时，享受着帝王般的礼遇，米提亚人（Median）和埃及人组成的卫士簇拥着他穿过色雷斯（Thrace）[1]。

帕萨尼亚斯被强制召回斯巴达，并被剥夺指挥权。他再次逃到拜占庭，在为自己修建城堡时被雅典人驱逐。但是，斯巴达人听说这位普拉提亚战役的获胜者正在科罗奈（Kolonai）图谋叛国后，派遣一名使者前往，要求其中的获胜者必须遵守斯巴达人的号令，违者则被宣布为人民的敌人。无论帕萨尼亚斯心中对五监察官多么信任，他终究还是更加信任金钱的力量。同时，他在斯巴达的法律中找到一个可以利用的漏洞，那就是只能相信囚犯的真实供词。当前查明的事实只不过是一些

帕萨尼亚斯被召回斯巴达

---

[1] 色雷斯，自爱琴海至多瑙河的巴尔干半岛东南部地区，其北部为今保加利亚，南部沿称色雷斯。——译者注

对帕萨尼亚斯不利的推测，无法将他定罪。当帕萨尼亚斯的阿吉拉斯奴隶将那封招致杀身之祸的信件送到五监察官手中后，他们建议这位信差去位于泰纳伦角（Cape Tainaron）波塞冬（Poseidon）的圣地忒墨诺斯（Temenos）避难，他们寄希望于帕萨尼亚斯也会追过去。五监察官躲在两堵墙壁的夹层中间，希望帕萨尼亚斯自己将其罪行暴露出来。显然，这些人的希望没有破灭。很快，帕萨尼亚斯质问他的奴隶为什么要躲起来。奴隶反问，他的所作所为为什么会使主人背信弃义？为什么自己对主人的忠诚换来的竟然是被处死而非奖赏。

帕萨尼亚斯之死

帕萨尼亚斯郑重地承诺，如果他的奴隶即刻出发为波斯国王送信的话，可以保证他不会受任何伤害。帕萨尼亚斯承认他的罪责，这使躲避在夹层中的五监察官心满意足，但是，这也预示后续发生的事件。帕萨尼亚斯在雅典娜查克欧罗克神殿[1]（Chalkioikos）躲避时，房顶裂陷，房门堵塞，他被困在房内饿死。我们不能说帕萨尼亚斯的死亡是他背信弃义的报应，但是让触犯戒律者在避难地饿死这样的行径震惊了当时的宗教界，于是他们立下了一项法令：所有参与这种暴行的人都会被处死。

帕萨尼亚斯事件对地米斯托克利的影响

帕萨尼亚斯的命运多少与地米斯托克利有关联，或许可以说，斯巴达国王的叛国正是他策划的，虽然这种说法缺乏现实的依据。在帕萨尼亚斯死后，人们也没有发现这位伟大的雅典政治人物罪证的相关文献记录，但是他在政治上的卓越成就被逐条记录下来了，这在一定程度上抑制了那些想将他击溃的势

---

1 斯巴达圣地。——译者注

力。在雅典城墙重建期间的外交欺骗事件之后，斯巴达人对地米斯托克利的热情和赞美，变成了厌恶，甚至憎恨。斯巴达的影响力在任何时候都是无可比拟的，斯巴达宗派或者雅典公民团体甚至在没有外来压力的情况下，就对地米斯托克利产生了极端的怀疑和厌恶。没有任何人对加强雅典城邦的民主基础做过如此有效的工作。换言之，在削弱氏族贵族独裁专权方面，没有人比地米斯托克利做得更好。

　　这些人的厌恶情绪一旦被激起就很难平息，他们顽固且执拗，大张旗鼓地反对并没有作用，他们选择慢慢进行，在潜移默化中改变人们对他的看法。首先，他们先让他失去那令人厌恶的公民身份，然后将他被指控罪行的记录串连起来。随着时间的推移，这些罪行的记录足以让人们记忆混乱。实际上，从历史学家修昔底德的论述中，可以了解到地米斯托克利后半生的政治生涯信息。虽然这是一位坚定，并坚持不懈进行考证的作家，但是，在他的叙述中，我们还是能够看出他对氏族贵族或者独裁政体的同情。此外，修昔底德描述的人物在他出生之时已经离世，因此严格说来他不能说是一位当代史学家，但不要忘记他对口头流传的敏锐和严谨的考证要多于书面文献。从修昔底德的叙述中，可以了解到，这位作家认为那些记录肯定了人们对地米斯托克利的指控。我们必须承认帕萨尼亚斯写给波斯国王的某些信件是伪造的，而修昔底德认定这些信件的内容真实可信。因此，从他的论述中我们并不能看到雅典公民眼中的民主。如果修昔底德的论述带有强烈的推测，认为有关地米斯托克利的说法是片面而夸张的，并且没有任何根据，那么就要特别注意了。

寡头对地米斯托克利的反对

不可否认的是，萨拉米斯（Salamis）海战的获胜者阿里斯提德是一位令人敬畏的竞争对手，不仅是因为他性格耿直，而且他还善于发现并且时刻跟随时代的潮流。在薛西斯入侵之前，阿里斯提德已经利用自己的影响力抑制了雅典海军的发展，在他看来，雅典海军占据着过度的优势，在整个国家的政治地位似乎已经超过了民主的重要性。但是，当暴风雨袭来时，人民的行为使他相信，克里斯提尼改革中规定最低等公民不能担任城邦的高级官员是不应该的。阿里斯提德强烈建议废除这种限制，因为被排除的阶层可能不会再容忍下去。这种情况并非不可能发生，为了应对未来的形势变化，他做好了通过抽签来确定执政官[1]的准备，这种适应时代的准备肯定会扩大他的影响力，并且能将大部分权力交到与地米斯托克利展开斗争的贵族集团手中。现在，这位杰出人物被某些接受斯巴达人贿赂的公民指控，说他曾参与到帕萨尼亚斯图谋案。但是，属于他们的胜利时刻尚未到来，地米斯托克利不仅已经逃离，而且比以往任何时候都更加受欢迎。的确，狄奥多罗斯谈到地米斯托克利的国民时曾这样说，他们好像忘记了他曾经的功绩，希望通过恐惧或妒忌来使他蒙羞。显然，这样的情绪只是出自那些对自己氏族贵族身世引以为豪的人。而且，狄奥多罗斯坚持这样的看法——地米斯托克利依然，并永远享有大多数民众独一无二的爱戴。

地米斯托克利被放逐 公元前471年

在雅典，大部分人都不能接受地米斯托克利被放逐的事实，这只能证明约四分之一的公民认为他被放逐符合雅典的利益。

---

1 执政官，古代雅典九名统治者之一。——译者注

他离开雅典后，前往阿尔戈斯（Argos），在阿尔戈斯，斯巴达人并没有苛待他。按照斯巴达人的规定，地米斯托克利再次被指控参与帕萨尼亚斯的叛国活动，而且有传言说已经下达逮捕令了，但他已经逃往克基拉（Korkyra），并穿过那里，进入米洛斯人（Molossian）的重镇阿德米托斯（Admetos）。

多年后，有传言说，地米斯托克利历经艰险逃到了以弗所（Ephesus），并由此进入亚洲，投奔亚达薛西一世（Artaxerxes）。亚达薛西一世在父亲薛西斯被谋杀后成为国王。有信件记载："我，地米斯托克利，来到你面前——我被迫抵抗你的父亲，对你的家园造成了很大的伤害。但是你父亲在从阿提卡到亚洲的旅途中，也为了侵略希腊人而破坏了赫勒斯滂海峡（the Hellespont）[1]上的桥梁。现在，我来到这里，我能够为你们带来最大的利益，但是我对你们的好意引来了希腊人的迫害。我希望能够在这里等待一年，再与大家讨论我的使命。"从这个信件中可以获悉，这位年轻的国王很快恩准了地米斯托克利的请求。地米斯托克利在完全学会波斯语后去了索萨。他对亚达薛西产生了巨大的影响，因为他承诺，要让波斯统治者统治整个希腊。返回小亚细亚后，他的余生过得丰富多彩，他来往于马格尼西亚（Magnesia）、米攸斯（Myous）和兰普萨库斯（Lampsakos）三座城市之间，享用三座城市为他提供的面包、红酒和蔬菜等美食。但是，他一直未履行自己的承诺。最终为了逃避这项他不可能完成的任务，他自愿死亡。

这个故事自相矛盾。它断言在提洛同盟成立二十年或二十

地米斯托克利的结局
公元前471年

波斯势力在小亚细亚海岸的扩张

---

[1] 赫勒斯滂海峡，是达达尼尔海峡的古称。——译者注

年之后，有两座城市将在米卡尔山附近出现，而第三座城市将在普罗庞提斯（Propontis）的赫勒斯滂海峡沿岸出现，波斯国王会为其最喜欢的城市提供财力支持。如果他将这些城镇作为封地管理，那么他可能同样会将爱琴海地区的其他城镇作为封地管理。所以，希腊人破坏薛西斯的军队和舰队可能只是徒劳。如果这些城镇的所有资源真的由亚达薛西来支配，那么我们应该在每座爱奥尼亚人的城镇里看到他的贡品收缴者，他的军队肯定也会为参加米卡尔战役的将上复仇。

阿里斯提德的估价
公元前477年

如果这则故事可信的话，那么有关阿里斯提德的记录总体上应该被否定。在十五年前，联盟的领导者们就被召集起来，共同决定各城邦应该享有的人口、轮船和公共事业的资金数量。同盟资产评估总计达四百六十塔兰特（talents）[1]。虽然具体的资产项目没有列出，但是同盟资产总量是基于爱琴海东海岸各城邦向波斯国王纳贡的数量来统计的。价值四百塔兰特的贡品来自爱奥尼亚、马格尼西亚、伊奥利亚（Aiolian）、利基亚（Lykia）和其他城邦，其余的贡品来自诸岛城邦。然而，某些城镇的居民，也许是提洛同盟的成员，仍然受到波斯君主专制的影响。我们很好奇，在大约二十年的漫长时期，同盟采取何种措施，打破了居鲁士强加于克罗伊索斯（Kroisos）的希腊人民身上的束缚。早在帕萨尼亚斯密谋反叛活动时，斯巴达执政者就在特洛德（Troad）的科罗奈找到他，帕萨尼亚斯不得不执行信使的指令，否则，信使便会宣告他是人民的敌人，让他受尽苦痛。而地米斯托克利则在马格尼西亚度过多年

---

[1] 塔兰特，古罗马人和古希腊人使用的重量和货币单位。——译者注

奢华悠闲的生活。正如我们所了解的那样，他之所以冒险得罪他的臣民，正是因为他们下达了逮捕令，并将他从阿尔戈斯驱逐出去。

因此，我们会发现自己面对的是一个非常可疑的故事；尤其当我们知道另一个版本的故事后，更增加了怀疑。波斯国王绝非将地米斯托克利看作王室的捐助者，而是悬赏两百塔兰特要他的项上人头，以至于地米斯托克利只有装扮成国王后宫的新人才能进入索萨。还有一个关于薛西斯姐姐芒达妮（Mandane）公主的故事，她沉迷于对东部诸城邦人民进行残酷的复仇。故事中提到地米斯托克利因为会波斯语才得以逃走。

<small>地米斯托克利与波斯国王的关系</small>

同时，一些影响力不大的传言提到，地米斯托克利带到流放地的巨大财富变成他贿赂的资本，成为他向波斯暴君表示忠心的礼物。而一些传言中对他晚年的行为所做出的评价，大都无须在意，除非这个评价影响了他的整个政治生涯。把自己所有的精力专注于一个特定目标的人，恰恰是那些虽然在生活中遭遇巨变，但觉得仍有机会的人。在坚定地追求目标这一点上，无人能与地米斯托克利媲美。他为雅典人的事业带来强大的动力，彻底强化了雅典人的特征，即使是他的强劲对手，最后也帮助他建立了自己起初极力反对的海事政策。在这段人生经历中，他展示了自己敏锐的洞察力，而这种洞察力使他能够对客观事实及其表象做出判断；他拥有丰富的资源，让他足以应付所有的紧急情况。在某种程度上说，地米斯托克利在公共事业中始终保持着这些品质，但是突然冒出来的盲目又愚蠢的危机几乎使联盟所有的希望化为泡影。然而，历史事实让我们知道，并非是他屈服于庸俗的诱惑——他建功立业之初一贫如洗，而

<small>地米斯托克利的坚定目标</small>

生涯终结之际却腰缠万贯。实际上，从一开始他就清楚地考虑到他一手建立的大厦有被破坏的可能，并且想到要依靠国王的力量获得庇护。但是在国王的权力和希望中他遭遇了第一次致命打击。他凭借无与伦比的个人能力和对目标的坚定不移，驱使同盟进入了一场他们自己都畏惧的战役。他送给波斯国王一条可能对自己有利的消息，并作为恳求者来到索萨法庭。他知道自己即将迎来危机，为了使自己处于有利地位，他开始蒙骗敌人直至去世。我们能够相信的是，他在波斯王宫内找到一处他一直以来都在谋划的避难地——毫无疑问，他的援助请求得到满足，他保证自己将征服自己的国家。在长达十二年或十四年的时间里，他一直接受大城邦的资助来实现自己的诺言。但是在他的整个一生中，他从未进行过任何努力来兑现自己对波斯国王的承诺。

帕萨尼亚斯与地米斯托克利的关系　　当我们仔细研究这个问题时，我们会发现地米斯托克利参与帕萨尼亚斯密谋活动的证据。但斯巴达人只提到了那些对他们有利的证据，我们不了解他们展示给雅典人，或者可以展示给雅典人的证据。如果交给阿吉拉斯人的信件是真实的，那么只能证明，之前有关帕萨尼亚斯表达迎娶薛西斯之女意愿的信件是杜撰的。这更加清楚地表明，修昔底德手中有关地米斯托克利的信件是伪造的。简言之，帕萨尼亚斯事件中，并没有可以帮助我们得出地米斯托克利曾参与其中的结论的证据，前人的研究工作止步于普拉提亚战役。萨拉米斯海战胜利后，地米斯托克利将注意力转移到组建雅典同盟这一更为艰巨的任务上，这项任务就像给一大堆随时都有可能分裂的原子输入一种可以固定的黏合剂。帕萨尼亚斯从高位坠落，意味着他从尊贵的国王变为普通公民后，这种单调而僵化的日常生活对他而言显然是痛苦且难以忍受的。地米斯托克利认识到，自己所拥有的并不仅仅是尊贵，还有多数国民的爱戴，他在雅典所拥有的一切让他的生活有了意义。他意识到，必须拯救城邦的美好未来，让城邦免于毁灭，而雅典帝国的辉煌很大程度上归功于他的努力。不可否认的是，这些努力需要全身心的投入和坚强的毅力，执行者不得不面对棘手的难题，三心二意或犹豫不决是不可能完成如此艰巨的任务的。

有关地米斯托克利贿赂案的指控并没有对他构成威胁。他仅承认献给斯巴达人和科林斯人首领的几笔钱财。我们无从得知他是否使用过优卑亚人（Euboian）给予他的资金。一般来说，一桩贿赂案也许造成不止多次的危机。在这些案例中，腐败所牵涉的收受贿赂者，与地米斯托克利无关，他从未背离自己的初衷。侵占爱琴海地区居民的资金而挪作私用等其他指控即使不是假的，也是缺乏实际证据的。至于在萨拉米斯海战前后他送给薛西斯的消息，可能也无法考证。如果送出第一封信的目的是加速这场战役，那么完全是徒劳的，薛西斯并不打算速战速决，他甚至还会想办法拖延战争。对于第二封信，这位专制君王可能认为这是一个愚笨而邪恶的计谋。如果我们将这封信看作是地米斯托克利成为叛徒的证据，是为了保护家人而实行的一种策略，那么我们更应该相信，致力于挽救国家于危机中的斗士能够力挽狂澜，并排除猜忌、自私或者对同僚不满等消极情绪。他的行为也许受到了两种甚至截然相反且对立的动机的驱动。地米斯托克利全身心地投入拯救的国家事业，他设定的目标远不只是从敌人手里获取一处先祖遗留的土地，这样的

对地米斯托克利个人腐败的指控

目标甚至是荒唐的。毫无疑问，这样的心态只能使人丧失目标，无法将目标执行下去。相反的欲望引发的混乱，和人们的冷静判断和奇妙力量之间有一种无法解释的反差。如果我们认为，在特拉法尔加海战（the fight of Trafalgar）[1]之前，霍雷肖·纳尔逊（Horatio Nelson）将军[2]为了迎战暴君拿破仑的舰队而竭尽全力地获得他的好感，那么或许我们也能同意强加于地米斯托克利的叛国罪的某些观点。

关于记叙的可信度的争议

　　回顾上文，我们会看到不一致或者自相矛盾的陈述，会看到模棱两可的参考文献或者未加证明的假设。以帕萨尼亚斯和地米斯托克利各自写给波斯国王提出议案的两封信作为案例。前者的提议可能过于无理和吹嘘，总体上不适合东方君王，但是，至少它不是虚假的；而地米斯托克利信中的主要内容则是虚假的，出于自我保护的本能才可抵抗薛西斯的入侵，这一点必须转达给薛西斯的儿子亚达薛西一世，而亚达薛西一世对他里通波斯并不是毫不知情。所以这一说法既荒谬又虚伪。在信中，他还夸下海口，一旦他可以安全地行动，他将用更大的好处来弥补他所受到的伤害，这种好处就是奢侈和放荡的生活。为了摧毁波斯舰队和海军，地米斯托克利的努力和付出比任何人都要多，包括通过组建庞大的同盟来抵御波斯海军及其舰队，而且还试图摧毁波斯帝国，尽管这个同盟最终没有建成。我们

　　1　特拉法尔加海战，英法海战。1805年10月21日，英国海军与法国海军在西班牙特拉法加角外海面展开激战。法兰西联合舰队遭受毁灭性打击，法国海军从此一蹶不振，拿破仑被迫放弃进攻英国本土的计划。而英国的海上霸主地位得以巩固。——译者注

　　2　霍雷肖·纳尔逊（1758—1805年），英国海军将领和军事家。在1805年特拉法尔加海战中阵亡。——译者注

没有从任何资料中找出他对波斯人提供过帮助的记录，进一步的探究是毫无意义的。他与亚达薛西一世可能达成过某种协议，但是这种可能性不大，而且我们从未发现相关协议的内容。也就是说，没有任何明确的证据表明地米斯托克利倾向波斯，因此可以推断，地米斯托克利并没有直接反对雅典或者海拉斯（Hellas）[1]的行为。

地米斯托克利自杀的故事并不可信，狄奥多罗斯认为，所谓的自杀是阻止波斯进一步进攻希腊的最高策略。我们深信，假如地米斯托克利能够做出选择，他不会让雅典帝国的发展遭受极大损害，也没有任何伤害性行动可以断定是他所为。这就证明，并非是他多年来通过一系列无端的错误欺骗国王，而是亚达薛西一世以殷勤善待的代价强加给他这样的义务。

由此得出结论：地米斯托克利自始至终都非常受人民爱戴，他在世时人们很爱戴他，他去世后人们也纪念他；他被流放是由于寡头宗派的作祟，受到斯巴达人的威胁或者贿赂所致；对他的逮捕令迫使他从阿尔戈斯逃走，同样是斯巴达人密谋的结果，因为他的仇敌对他怀有敌意；他逃走期间，这些仇敌收集所有的谣言，为寡头宗派在每座城邦进行煽动做好了充分准备；这些煽动后的报告在三四十年后变成了修昔底德留给我们的史话。这样的结果让人满意，原因在于它不仅证明了最伟大的雅典政治家没有犯下叛国罪，还证明他没有伤害国家的任何企图，同时向我们展现了雅典帝国是由一些道德和政治水平都值得尊

---

[1] 即希腊。古希腊人自称"海伦人"（Hellens），称希腊半岛为"海拉斯"（Hellas）。——译者注

敬和钦佩的人建立起来的。

<small>雅典人雄心滋长</small>

假如没有证据证明,地米斯托克利希望或者有意要毁掉其毕生事业,那我们就可以假定,他对雅典力量的迅速增长是感到欣喜和骄傲的。但是,事实上,他也可能感到愤怒和不满。不过这些情绪只是针对部分对他充满敌意的国民,而不是那些爱戴他的人民。即使波斯舰队在米卡尔已经被摧毁,但是需要扫除的障碍却依然很坚固。亚达薛西一世送给地米斯托克利三座雅典城邦的故事可能只是无稽之谈,因为这样做相当于赋予他掌控大片领地的绝对权力,实际上,他最多只能掌握几个军事据点。或许,当时他在那个狭长而美丽的领地上保留了一个独立的位置,而这块领地成为吕底亚(Lydia)国王领地中最耀眼的明珠。但是,在十五年或者二十年前,这块领地还是贫瘠的不毛之地。把波斯驻军赶出他们所占领的城市是困难的,有时甚至毫无可能。曾经薛西斯检阅其威武之师的地方多利斯库斯(Doriskos)还在一位波斯总督的管辖之下,当时希罗多德正在撰写其历史著述的后面的部分。简言之,正在展开的争斗对于那些坚持不懈的人而言是一次严重的危机,斯巴达既不认为自己有义务,也不愿意加入这场争斗。站在他们那边的小亚细亚希腊人并没有机会观察斯巴达人的真实情绪。当多利安人(Dorian)领导的斯巴达委员会(the Spartan Commission)前来监督帕萨尼亚斯时,他们遭遇了一场消极的抵抗,这使得他们更加渴望摆脱这种繁重而无利可图的义务。而雅典在各个方面都与斯巴达有所不同。雅典既真诚又有能够帮助他们的实力,小亚细亚希腊人希望借此再次抵抗波斯国王。雅典人意识到,此时,不论是利益还是责任都要求他们担任城邦的首领,

这些城邦愿意服从他们并且拒绝斯巴达的霸权。整个战争史表明，也正如地米斯托克利所坚持的观点，雅典的权力依赖于雅典的舰队，而这种权力具有不确定的扩张性。阿提卡的安全换来的是城邦的财富和具有熟练技术的外来居民，而城邦的安然无恙唯有通过对海上霸权的掌控才可以延续下去。海上霸权还可以保障爱琴海地区以谷物为主的商业贸易所产生的利润，可以源源不断地从黑海流入赫勒斯滂海峡。这场胜利如此精彩，激起了雅典政治家的雄心壮志，以至于他们开始梦想建立陆地帝国，因为陆上的城市并不逊色于海上霸主的城邦。但是，地米斯托克利确实从未设想过，雅典的势力可以在几年内从麦加拉（Megara）港口扩张到温泉关（Thermopylai）山口。如果他能够预见这些，那么他也许会抨击这些征服是恶意的，就算不是致命的，也有损雅典的利益。提洛岛（Delos）成为新同盟的中心，这足以证明，当时没有其他人对这样的计划感兴趣。

导致如此结果的历史事件是由无法预料的情况决定的，不幸的是，关于这些事件的记录是极其贫乏的。这段重要时期的历史并非被遗忘，而是从未被记载过。从修昔底德的记述中可以获悉，提洛同盟首先是独立城邦的联盟，这些城邦的代表以平等的身份在教会会议会晤，但是十年后，雅典人对待其同盟者的态度发生了明显的变化。首先，所有城邦必须向公共服务事业捐献轮船和士兵，是否继续捐献资金则不做规定。雅典人与其同盟的位置的改变，与后者的行动息息相关。在公共危机出现的时候，这些人应该忠诚于其职责和岗位，这是绝对是必要的；同样必要的是，雅典人应该强迫他们履行其职责和义务，以防懈怠或者失职。但是，对于爱奥尼亚人而言，这已经是老

雅典时外来居民态度的改变

生常谈了。在他们看来，雅典人是严厉的监督者，因为他们讨厌长期而且持续不断的艰苦工作。而当前他们面对的人不会被看待成阿里斯塔格拉斯（Aristagoras）的时代的佛该亚人狄奥尼修斯（Dionysios）。在某种程度上，他们必须履行全部的义务，但他们突然意识到，如果他们支付更多的钱，而提供更少的船只和人员，或者根本不提供，这样或许可以实现自己的目的。他们的建议被接纳后，立刻提升了雅典人的经济实力，而在发生叛乱时，雅典人几乎无力反抗纪律严明且目标坚定的敌军。为此，他们正迅速推进举措以逃离波斯的榨取以及它带来的恐惧，这足以体现他们对这个同盟充满不信任，不愿继续心甘情愿地付出。

攸里梅敦河的双重胜利与萨索斯岛叛乱

紧随这种变化，提洛会议（Delian Synod）也在劫难逃了。其成员无法再得到平等的待遇；它的努力变成徒劳；提洛岛显然再也不是一个适宜发展公共事业的地方。因此，提洛会议暂停，基金转拨给雅典城邦。雅典人的鼎盛时期，或者说雅典的霸权时代走向终结；雅典帝国时代正式开启，无论在奠定帝国基础方面，还是在构筑帝国架构上，雅典人都不应该被指控有任何怠慢之处。

公元前 466 年

据说，在潘菲利亚（Pamphylia）的攸里梅敦河（Eurymedon）河口，客蒙（Kimon）[1] 和他命中注定般要进行合作的城邦，在同一天于此处击败腓尼基人（Phenician），摧毁腓尼基人的陆军和两百艘战船。几个月之后，他们又与萨索斯人（Thasian）因为色雷斯地区的矿石及其贸易的争端而公开宣战。

1　雅典将军。——译者注

雅典人对于封锁萨索斯岛（Thasos）非常不满，派遣一万名士兵在一个名叫九条路（the Nine Roads）的地方屯兵，也就是后来的安菲波利斯（Amphipolis）。这些士兵冒失地闯入腹地，被埃多尼亚人（Edonian）击溃，米利都的阿里斯塔格拉斯沦为埃多尼亚人的牺牲品。面对这场灾难，雅典人非常从容，依然封锁住萨索斯港口。

公元前465年

围城持续了两年多，这时萨索斯人决定向斯巴达求援。他们认为，自己与雅典人之间的争执必须通过古希腊的两个最先进城邦之间的战争才能解决。斯巴达人为侵略阿提卡做足了准备，这证明除了感受到冒犯这个特殊原因之外，雅典的伟大也成为一个他们无法原谅的错误，因为他们自身的进步丝毫没有超出古老雅利安文明狭隘的排他性。想要了解斯巴达人对于雅典人的恐惧、仇恨还有孤独感，必须追溯到伯罗奔尼撒战争爆发时。但是，现在斯巴达人想要帮助萨索斯人可能力不从心。萨索斯人抵抗到了最后，还是被迫推倒了他们的城墙，放弃了他们的战船和在色雷斯的居住地。如果他们没有叛乱的话，这些原本也是他们要献出的。

公元前463年

斯巴达人无力侵入阿提卡，这引起了希洛人[1]的反抗，希洛人将帕萨尼亚斯死后发生的一场地震解释为号召人们起来反抗主人的信号。叛乱者被关押在依托木（Ithome）山脚的麦西尼亚人的旧城堡中。总是在封锁城邦时遭受损失的斯巴达人请求雅典人的援助，但是，斯巴达人私下里已经与萨索斯人达成协议，要共同对抗雅典人。

希洛人的反抗，雅典与阿尔戈斯的联盟

---

1 希洛人属于斯巴达城邦的奴隶。——译者注

28 雅典帝国史
The Athenian Empire

公元前464年　　　斯巴达人的请愿得到客蒙的大力支持。客蒙在攸里梅敦河取得两次战役的胜利，他曾为其公民祈祷不要让雅典成为"坡脚者"，或者失去同心协力的伙伴。客蒙随着一支被派遣的雅典军队来到依托木，但是未能攻下依托木，其求援遭到了斯巴达人的拒绝——他们不再需要他的效劳了。因为顾虑自己的阴谋诡计可能会被非议，斯巴达将采取了对付雅典人的双重手段。但是，他们低估了这种手段带来的后果。

麦加拉与雅典的联盟　　愤慨的雅典立刻向阿尔戈斯人提出联盟的建议，阿尔戈斯人渴望与雅典联盟，希望以此恢复他们昔日在伯罗奔尼撒半岛的霸权。同时，麦加拉人厌倦与科林斯人关于边界的争论，所以投入雅典的怀抱，并因此拥有麦加拉的两座港口城市——萨罗尼克海湾（the Saronic gulf）的尼塞亚（Nisaia）与科林斯的佩盖（Pegai）。麦加拉掌控着格拉内亚（Geraneia）的通道，这使得斯巴达人入侵阿提卡的计划完全落空。为了进一步加强对麦加拉的控制，雅典人通过延长尼塞亚港口南部的城墙以巩固加盟的城邦，他们也因此可以设常驻军。

埃伊纳的围攻　　麦加拉加盟新联盟后，色萨利（Thessaly）也被吸纳进来，这引起科林斯及其同盟埃皮达鲁斯（Epidauros）和埃伊纳（Aigina）的极大愤怒。科林斯的溃败使得埃伊纳下决心要与那些夺走他们古代海上霸主地位的人比拼实力。他们在战斗中依赖于曾经在萨拉米斯海战和米卡尔战役中成功击败波斯的战术。最终他们在昔日的荣光中落败，他们对雅典人的策略感到畏惧，就像二十二年前他们害怕薛西斯的舰队一样。埃伊纳岛被严密封锁，斯巴达因此获得另外的机会打压雅典，而雅典的军队则忙于各处的战事。但是，希洛人尚未被征服，斯巴达不仅被迫拒绝帮助埃伊纳，还拒绝了波斯使者的要求。这位使者要求他们入侵阿提卡。这样一来那支帮助埃及反抗亚达薛西一世的庞大的雅典军队就可以会撤了。

实际上，这段历史中的事件与触目惊心的变化，展现了一幅有关雅典人的令人惊奇和异乎寻常的图景。一支军队围攻埃伊纳，另一支军队在埃及，这也是伯里克利（Perikles）[1]选择在城邦内实施计划的时期，该计划在小范围内被麦加拉采纳。一边是比雷埃夫斯，另一边是法勒隆，他们都加盟雅典，这就需要构筑一条长约四英里半的长墙，另一条长墙约四英里。如此宏伟的工程激起了他们对于斯巴达人的担心和嫉恨，也使保守的雅典政治家们警觉，他们尤其看重与斯巴达人保持良好关系这件事。但是，这是地米斯托克利政策的必然结果。显而易见，对于斯巴达人来说，如果要阻止雅典的发展，就只能通过在希腊北部建立制衡实现。因此，为了抑制雅典，他们顶住同盟组织带来的威胁，着手恢复维奥蒂亚（Boiotia）的霸权地位，这是薛西斯事业中最不光彩却又是他最热衷投入的事情。

被派遣穿越科林斯半岛的斯巴达军队，在能看见埃夫里普海峡的塔纳格拉（Tanagra）击败了雅典人，再穿过格拉内亚要塞返回家乡。两个月后，雅典人派米隆尼德斯（Myronides）进军维奥蒂亚，他在奥伊诺菲塔（Oinophyta）葡萄园取得了辉煌胜利，奠定雅典帝国走向鼎盛的基础。维奥蒂亚人和佛基斯人（Phokian）成为雅典人的同盟臣民，其结果是民众在每

修筑雅典城墙 公元前455年

雅典帝国鼎盛时期

---

[1] 伯里克利（公元前495—前429年），雅典执政官。伯利克里所领导的年代是古希腊雅典的全盛时期，是他引导无序的民主走向短暂的辉煌。——译者注

座城邦都可以取得相应的权利,并驱逐独裁派别。

埃伊纳的陷落
公元前455年

奥伊诺菲塔战役的巨大胜利使得雅典人的控制权从麦加拉港口延伸到温泉关,紧随其后的还有埃伊纳的屈辱遭遇。这座城邦的城墙被夷为平地,舰队被解散,并且被迫缴纳赋税以维持雅典同盟的地位。

希洛人与麦西尼亚人在诺帕克托斯定居
公元前450年
公元前455年

雅典人当时进行的活动并没有全部取得成功。但最值得关注的是,即使面临严重的危机,雅典的实力依然未下降。在这些危机中,最致命的是派去帮助埃及抵抗波斯的舰队被击溃了。面对这样的灾难性事件,他们决定将那些极端敌视斯巴达的居民安置在科林斯海湾入口处,这在某种程度上抵消了灾难带来的损失。

公元前452年

经过九年的英勇抗战,依托木的希洛人被迫投降,接受了从伯罗奔尼撒半岛立即撤军的要求。雅典人在诺帕克托斯(Naupaktos)为他们准备了避难所,在被驱逐的麦西尼亚人[1]中,雅典人总是能够找到最信任和最忠实的联盟。三年后,雅典人斯巴达人签署了五年休战协议,将重心转到了对抗波斯的活动。

客蒙围攻克提昂
公元前450年

实施这项活动是客蒙可以为之毕生努力的伟大工作。在城邦内部,他的影响力在伯里克利占支配地位的前提下不断减弱。但是,作为舰队的首领,他不仅能够突袭敌军,还为国家和本人增添了财富。因此,我们确信,他又继续执行了一次愉悦的差事。当时有两百艘船只随他驶向塞浦路斯岛。我们从地米斯托克利留下的寥寥几句话中可以获悉,客蒙在围攻克提昂

---

1 公元前8世纪,斯巴达人征服麦西尼亚人后,将其贬为希洛人。——译者注

(Kition)时阵亡。雅典人由于缺少食物而被迫放弃封锁,战事依旧获得海路和陆路的胜利,他们战胜了腓尼基人和基利克人(Kilikian)。

历史学家告诉我们,波斯国王为自己长期经历的倒霉事件而十分担心,他派遣使者会见雅典使节洽谈和平事宜,而雅典人则派遣卡利亚斯(Kallias)到索萨,通过卡利亚斯签署了以他的名字命名的和平协议。据说,签署这份协议后,波斯国王约束本国不向利基亚(Lykia)东部海角一带派遣战船,并且将色雷斯的博斯普鲁斯海峡视为通往雅典海域的入海口。这份和平协议的真实性曾被质疑,因为修昔底德并未提到过该协议,即使在后世的历史讲述者看来,该协议是雅典最辉煌的成就。这种看起来矛盾的解释可能建立在这样的事实基础上,即协议并没有发生变化,只是正式认可了在当时情况下对双方都有利的安排。对于当时的雅典人而言,协议本身的重要性微乎其微,以至于很少有人关注它。但对于后世而言,它是以往政治环境的证据,让他们可以带着嫉妒和自豪感回顾过去。

卡利亚斯的和平

雅典达到辉煌的顶峰,并非通过连续的胜利,而是凭借从持续胜利中获得的肯定,还有雅典面对巨大灾难也不肯低头的强大意志力。雅典在易变而不稳定的物质基础上,建立了一个庞大的帝国机构,这是因为雅典迫使几个同盟为了他们共同的目标一起努力。换言之,雅典帝国的建立是以牺牲其独立性为代价的,只是这样的代价是有必要的。如果拒绝付出代价,惩罚会立即随之而来。的确,雅典彻底且严重地冒犯了希腊文化思想中最根深蒂固的本能——这种本能在雅利安文明发展之初就已经在人民的意识中刻上深刻的烙印。无论雅典哲学家或者

雅典帝国领地的陷落

政治家持有怎样的学说或理论，都阻止不了雅典人破坏视城邦为社会独立单位的观点。斯巴达利用这种认识来破坏联盟，因为联盟实际上剥夺了斯巴达人所有的海上势力，而且还会对斯巴达的陆上利益造成威胁，甚至可能会使斯巴达变得无足轻重。斯巴达人的性格特点在他们热情地准备复兴薛西斯而破坏城邦的过程中展露无遗。雅典的规划表明，其统治之下的各城邦都将实施民主制而不是独裁专制。显然，如果不将那些可能拒绝接受联邦新制度的氏族贵族公民驱逐，这些革新就无法实现。正是由于雅典所统治的个别城邦准备接受新的民主制，一大群不满的雅典人才成为怒不可遏的流亡者分散在希腊各地，忙着占领自己家乡附近的土地来破坏新制度。

柯洪内亚战役
公元前447年

奥伊诺菲塔战役爆发九年后，科帕伊斯湖（the Lake Kopais）湖畔也出现了战争的暴风雨。柯洪内亚（Koroneia）战役最终以雅典人的惨败告终，从战争中生还下来的士兵多数沦为囚犯。罗马人会任由这些不幸的人自生自灭，因为他们拒绝赎回坎尼（Cannae）[1]战役中被汉尼拔（Hannibal）擒获的囚犯。但是雅典人更为人道，或者不愿意因此削弱他们自己的力量。为了重新获得这些士兵，他们甚至做出撤离维奥蒂亚的决定，以避免流放者去往的几座城邦恢复独裁专制。

优卑亚岛和麦加拉的反抗
公元前445年

优卑亚城邦的反抗是民主制替代独裁专制变革的自然结果。但是，伯里克利几乎没有派遣军队进驻这个岛屿城邦。当时雅典人面临很多可怕又棘手的问题，比如，麦加拉人宣布退

1　坎尼，意大利东南部古城，公元前216年迦太基统帅汉尼拔在此打败罗马人。——译者注

出联盟，他们在雅典卫城（长墙）内残杀雅典军队，而斯巴达军队则在破坏小亚细亚领地中埃琉西斯（Eleusis）富饶的土地。伯里克利没有被这些困难吓倒，他匆忙从优卑亚岛返回，从伯罗奔尼亚撒撤离（有人说这是通过贿赂达成的），之后，他又回到那些曾经被他彻底征服的岛上。

雅典人的精神比之前任何时候都更为振奋，但可以肯定的是，依靠征服领地缔造雅典帝国的想法被纳入不可能实现的梦想之列。尽管雅典依然掌握着麦加拉的两个港口，但相对于雅典企图掌控伯罗奔尼撒半岛而言，所有计划都成了明日黄花。因此，如同卡利亚斯签署的三十年停战协议，该协议签署后就再次对优卑亚岛进行了征服，所以协议只能对某些发生过的事实给予一个正式的约束。随着形势的发展，雅典人放弃了些许利益，交出特洛真（Troizen）、亚该亚（Achaia）及麦加拉的港口。但是，对于雅典人来说，从麦加拉撤离比原谅麦加拉人更为容易，他们与麦加拉人十年的友谊，已经赋予麦加拉足以严厉打击封建城邦的能力，而这正是他们自愿结盟的结果。在那段时间里，雅典人从未苛待过他们，反而为他们带来很多裨益。我们不知道麦加拉发生了什么，导致这次仓促的逃亡。可能是出于某种无法解释的原因，他们放弃自己曾经渴望加入的联盟。他们的放弃点燃了雅典人心中的仇恨，而且在数年后引发了一场严厉的复仇行动。

三十年休战协定
公元前445年

第二章
雅典与斯巴达的初次争战

雅典人的能力与凝聚力在驱逐裴西斯特拉蒂达人后显著增强，雅典宪政进一步发展。任何试图打破雅典宪政所带来的和谐的行为，都只会巩固寡头派的统治地位。这些寡头派更倾向于研究斯巴达而非雅典，并以此为导向制订政策，这使得雅典不可能进入希腊寡头国家联盟。

雅典宪政的最初发展

尽管支持拉科尼亚派实力不弱，但进步派仍然相对强大，而进步派又以伯里克利和厄菲阿尔特（Ephialtes）为首。可以说，相比两人的前任地米斯托克利，伯里克利融合并超越了这位雅典伟大领袖超凡的智慧和远见。这让他即使与贪婪之人周旋，依然能够免于腐败的指责。他从一开始就清楚地知道地米斯托克利已经为雅典公民指引了正确的方向，于是他以坚定不移的热情开始实施所制订的政策。与地米斯托克利一样，伯里克利认为雅典必须拥有海洋控制权，于是他建造长墙，让雅典成为一座海洋城市。同样，他明确雅典帝国绝对不能越过边界，除非威胁到生存，否则不能踏上进行征服活动的道路。他以此为戒，凭借出色的口才和雄辩力向所有公民传达了这一原则。

伯里克利的政策

厄菲阿尔特与伯里克利同样的热诚，而他对政治错误更为敏感，绝不容忍对政治权力的滥用。当时所有阶层的公民都有资格获得执政官职位，但极少有穷人能够当选。公职人员在任期内行使管辖权，对人民负责，同时普通公民不能对其上诉。仅由终身成员组成的阿雷奥帕戈斯法庭，虽然声称不参与政治管理，但事实上它不仅对凶杀案行使管辖权，而且对所有公民拥有审查权。它代替了雅典议会，因为在公民大会或大型公众集会辩论时拥有维护秩序的特权。这意味着它可以干涉辩论主

厄菲阿尔特的改革

题的选定，在大多数情况下，不适当的议题可能会被判定为无效。厄菲阿尔特与伯里克利都曾试图纠正这种情况引起的权力滥用，但很明显，都徒劳无功，只是在浪费时间。最终，他们明白，必须剥夺公职人员自由裁量的司法权，仅保留亚略巴古[1]在凶杀案中的职能，裁撤其对公民大会的审查特权和控制权，让公民成为所有刑事和民事案件的最终判决者。为此，他们准备了一套体系来执行整个计划。设在迪卡斯德黎法庭（Dikasteries）的民众法庭或陪审团法庭已经能够行使部分管辖权；迪卡斯德黎法庭在无其他需要时为常设法庭，其成员按从事相应事务的服务天数计算固定报酬。

厄菲阿尔特被谋杀公元前456年（？）

这些改革计划理所应当地引发了公民极大的热情，他们认为必须改革"陶片放逐法"。这些措施也受到了保守党的欢迎，他们坚信厄菲阿尔特或伯里克利能够在选举中获得胜利。历史上，虽然推崇寡头统治的客蒙赢得了选举，但在此前提议的政治改革已经完成，执政官曾拥有的极大管辖权也因此被削弱，仅保留小额罚款的权力。他们成为初级事务公职人员，只负责处理提交给陪审团法院审理的案件。亚略巴古则成为由抽签选出的执政官组成的雅典公民的集会。总之，旧时代已经一去不复返，而寡头派的怒火只能用鲜血来平息。因此，厄菲阿尔特被暗杀，但这种不正义的行为只会进一步巩固伯里克利的统治。

伯里克利的泛希腊论

在这位伟大政治家的带领下，雅典的发展达到了巅峰，获得了至高无上的荣耀。然而，尽管他将一个庞大的帝国捆绑在一起，并加强了必要的统一行动以维系帝国的稳固，但并不代

---

1 雅典刑事和民事案件的高等上诉法院。——译者注

表他已经领会了我们所理解的民族团结之类的概念。因为，雅典对任何行动做出的决策均无须征求盟邦的意见，任何不愿参与行动的行为都被视作叛乱。伯里克利的确抱有泛希腊论，但这种理论的实施体现在扩大雅典的权力和威望，而不是将盟友视为雅典人。

伯里克利统治下雅典形成的希腊学派，将最先进的科学、最辉煌的文化和最伟大的艺术紧紧地汇集在雅典的围墙之内。这项伟大的创举耗资不菲。也正因如此，他遭到客蒙的后继者——梅列西亚斯（Melesias）的儿子图基迪兹（Thoukydides）的反对。图基迪兹认为雅典的税收应用于对抗远方的敌人——波斯。为此，他决定采取"陶片放逐法"（Ostrscism）解决他们之间的纷争，最终图基迪兹落败，伯里克利提议的所有公共工程得以施行。为防止敌人占领已经建成的两道长墙之间的大片土地，第三道城墙也开始建设。第三道城墙与相隔五百五十英尺的西城墙保持平行，绵延至穆尼希亚港。而伯里克利耗资最巨的工程则被一个极为狭窄的环路包围。此外，还修建了一座新剧院，在泛雅典娜节[1]（Panathenaic Festival）时表演新剧目：有一扇巨大的大门，叫作卫城山门，守卫着通往山丘顶峰的入口。山丘上的各种建筑达到了其艺术的顶点，最高处耸立着宏伟的处女女神的家——帕特农神庙，神庙前屹立着女神的神像，即使是来往于苏尼翁角[2]的水手也能看见。

图基迪兹被放逐
公元前443年

---

[1] 古希腊宗教节日。起初每年举行一次，后改为每四年举行一次。节日期间，雅典每个属地都要派代表到雅典城参加庆祝活动。——译者注

[2] 位于阿提卡半岛南端，距离雅典城65英里。——译者注

雅典殖民地的扩张

伯里克利的宏伟目标是巩固雅典在整个联盟中的权力。获得雅典公民权利的移民（份地占有者）中的当权派对此积极响应，因此伯里克利决定继续扩充这种权力。他占领了利姆诺斯（Lemnos）、伊姆罗兹（Imbros）和斯基罗斯（Skyros）三岛，还亲自率领一支移民组成的军队远至雅典联盟成员之一的西诺珀（Sinope）。公元前437年，在因先前的政策招致骇人灾难的斯特里蒙（Strymon）河口，哈格侬[1]（Hagnon）成功建立安菲波利斯殖民地。但在这之前的两年，雅典不得不面对另一个盟友的反抗。

萨摩斯起义 公元前440年

与其他城邦一样，由于不满其平民与雅典人联盟，萨摩斯（Samos）的寡头们起义了，并劝说拜占庭人加入。九个月后，萨摩斯人被迫夷平城墙，放弃船只，并支付战争费用。同时，与萨索斯人一样，他们也曾向斯巴达请求援助。不再受希洛人起义约束的斯巴达人召集联盟议事会讨论此事，虽然停战协议的期限还有二十年，但是他们并不在意。但出乎意料的是，他们遭遇了科林斯人的反对。科林斯人为了帮助希庇亚斯获得支持，曾在召开的大会上表示反对任何干涉自治城邦的内部事务的行为。本着同样的精神，科林斯人坚持每个独立城邦都有权自主处理与自由盟友或附属国的关系。斯巴达人被迫妥协。

科林斯与克基拉之争

科林斯人与其殖民地克基拉发生争端，他们之间的关系很快发生改变。传统观点认为，科林斯与克基拉之间的战役是发生在希腊的第一次海战。这场战役准确预测了两个海洋城邦的关系。导致他们走向分裂的强烈仇恨很可能源于对贸易的觊觎。

---

[1] 与伯里克利同时的雅典十将军之一。——译者注

事实上,我们确实无法追溯到任何关于政治信念的因素。埃皮达鲁斯在克基拉对岸,曾是它的殖民地,但一些来自民主城邦的移民似乎已成为这个新居所的寡头。在新殖民地的派系纷争中落败方遭到驱逐;这些被驱逐者与他们野蛮的邻居结盟,入侵埃皮达鲁斯,当地人民向克基拉求助无果后,转而求助科林斯。

科林斯派遣一支军队进入埃皮达鲁斯,这让克基拉人感到非常愤怒,他们乘船而来,要求科林斯人立即离开。被拒绝后,克基拉人准备封锁城镇,而科林斯人则准备了一支庞大的舰队以便反击。为了避免即将来临的腥风血雨,克基拉派遣使者前往科林斯,表示愿意接受仲裁。科林斯表示除非对方先解除对埃皮达鲁斯的包围,否则不会考虑这一提议。克基拉回应,如果科林斯撤离,他们便会解除包围。他们还提出另外一个解决方案,那就是双方都不插手此事,达成休战协议,直到仲裁议事会决定埃皮达鲁斯的归属。克基拉的行为的确有违原则,但目前他们至少在战术上拥有主动权,而科林斯人则失去了对克基拉宣战的借口,因为他们已经对这些提议做出回应。双方较量的直接结果是埃皮达鲁斯向克基拉投降。此后两年,形势并没有发生变化。与此同时,科林斯人聚集了一支强大的舰队。克基拉别无选择,只能与雅典结盟。

科林斯入侵埃皮达鲁斯
公元前436年

在雅典,克基拉的使者仅对贸易政策进行了讨论,这或许是正确的。他们需要帮助,他们也坚信自己有能力向雅典支付报酬。因此,他们甚至没有对雅典表达感谢。克基拉并未参与萨拉米斯海战,从那时起,他们就开始小心翼翼地行事,避免与任何城邦联盟。克基拉人承认他们的政策并未带来令人满

克基拉派遣大使前往雅典寻求结盟
公元前433年

意的结果。他们畏惧敌人强大的综合实力，认为自己根本无法单枪匹马与之对抗。因此，他们提出与雅典人结盟。在希腊，以雅典为首的联盟在这两个大国斗争中发挥了很大作用。三十年和约规定，雅典和斯巴达均有权殖民当时不属于任何联盟的城邦。

科林斯使者的
反击辩论

克基拉使者的演讲在很大程度上使科林斯使者陷入不利的境地。在绝对公平的情况下，科林斯人拒绝进行仲裁，这让他们成为过失方。为了摆脱这一困境，他们只能反复强调一些无足轻重的小事。他们声称这场仲裁提案提出得太迟了，应该在克基拉发起对埃皮达鲁斯的封锁之前就提出来。如果仲裁是防止犯错误的一种手段，而不是在犯下错误时予以纠正的手段，那么这种抗辩是合理的。事实上，科林斯使者详述了克基拉独善其身的自私行为，斥责了克基拉人的冷漠，如今只是因为需要帮助才想与雅典结盟。他们重申了在最近的联盟会议上提出的反对干涉雅典及其附属自由盟友的原则，以及自己为之所做的努力，还要求雅典人同样遵守这一原则。

雅典与克基拉
组成自卫联盟
公元前 432 年

克基拉的海军实力仅次于雅典，雅典惧怕他们加入敌对联盟，因此只能在一定程度上违背自己的意愿，被迫与克基拉结成防御联盟。雅典派遣客蒙之子带领十艘战船前往克基拉，并下令要求他保持中立，除非科林斯人试图登陆克基拉或登陆克基拉的任何殖民地。不久，在克基拉与大陆之间的海峡爆发了冲突，其混乱的场面令雅典海军十分鄙夷。

科林斯人击败
克基拉人

战船本身是削弱敌人最有效的武器，这一发现彻底改变了雅典海军的作战体系，他们害怕在狭窄的空间内作战，就像他们在萨拉米斯海战中惧怕在开阔水域作战一样。他们想要与敌人近距离作战,这样才能让三桨座战船上的重装步兵和弓箭手发挥其应有的作用。克基拉人同样遵循这种作战方式。在雅典人的指导下,战船虽不具备现代撞击装置的功能,但拥有体积更大的当代船只无法企及的机动性和灵敏性。克基拉人采用了巧妙的战略,他们佯装进攻,试图分散敌人的注意力,并消耗对方的精力,然后用三桨座战船上的喙猛烈撞击敌方船只,随后紧急撤退。结果,他们惊奇地发现科林斯人像在陆地上战斗一样,队形变得混乱不堪。克基拉人的左翼紧追敌方的战船,一直到他们在岸上的营地。但是,克基拉人的右翼却因为对方具有压倒性人数的优势而被击溃,为了使他们免于惨败,雅典人加入了战斗。科林斯人看到雅典军队逼近后,立刻撤退,从而避免了一场更大规模的战争。翌日,双方没有立即开始战争,而是派人询问雅典人是否会干涉他们的行动。科林斯人最后被告之,只要不干扰克基拉及其殖民地,可以自由地去他们想去的任何地方。得到这样的保证后,他们立即返航了。

此次失败燃起了科林斯人对雅典人的仇恨,而且这种感情随着时间的推移变得越来越强烈。他们努力挑拨自己的殖民地,也就是臣属于雅典的盟友波提狄亚(Potidaia)起义。斯巴达向波提狄亚积极承诺,无论谁对雅典发动进攻,作为海上联盟,斯巴达都会立即入侵阿提卡,此后这一承诺得以实现。这也是斯巴达第三次表示,可能会打破与雅典的停战协议。波提狄亚叛乱由哈尔基季基人(Chalkidian)和波提阿人(Bottiaian)共同发起。雅典人对此并没有采取谨慎行动,曾一度将战场转移到马其顿,这让科林斯人能够及时向波提狄亚提供增援,使其能够抵挡长达两年的围攻。在波提狄亚崩溃前,导致雅典灭

波提狄亚反抗雅典
公元前432年

公元前432年

亡的毁灭性战争已经开始了。

斯巴达盟友召开议事会

事实上，双方变得非常情绪化。雅典人对曾经作为朋友的敌人施加惩罚，让麦加拉人大为恼怒，他们抱怨在雅典港口被驱逐的遭遇，认为这一行为直接违反了和约。但在这件事情上，雅典极其克制，并没有任何越权的行为。麦加拉人起初承认雅典是通往伯罗奔尼撒半岛路上的主人，但又突然打破他们的联盟，反过来毁谤雅典。公正地说，雅典在掌权期间并未对斯巴达联盟做出任何不恰当的行为。克基拉和科林斯之间的战争仅是两个城邦之间的战争，而其中一方恰好属于斯巴达联盟。根据三十年和约和当时的国际道义，雅典有权与不属于该联盟的任何城邦结成防御性联盟，斯巴达长期以来也始终奉行这一战略，从科林斯人要求斯巴达人不对他们的非正义行为进行干涉，可以体现出这一点。另一方面，通过挑起波提狄亚起义，科林斯已经介入雅典和加入雅典联盟的城邦之间，而且他们还试图分裂雅典和爱琴海北岸其他同盟之间的关系。换句话说，他们蓄意分裂雅典帝国。

在斯巴达人为确定盟友对雅典的不满情绪而召集的议事会上，他们添油加醋地描述自己遭受的不公，歪曲雅典人的行为。他们证明，雅典人为了舰队的利益而夺取克基拉，并用武力占领当地，同时封锁了波提狄亚，使之成为雅典与色雷斯方向的殖民地之间最有效的联络站。科林斯人的演讲暗示着两场战争都是由雅典人发起的，并且强调波提狄亚从未采取过任何挑起封锁的行动。他们演讲的其余部分则是雅典的活力、艺术创造和卓越远见与斯巴达的拖沓、固执和愚蠢自满形成鲜明对比。由于当时双方处于休战状态，无论这一场景是否真实，此次演讲都称不上是辩论,只能说是谩骂。恰好因为公务来到此地的雅典使者见证了这一场景,并获准发言。雅典使者并没有反驳科林斯人的指控,而是解释雅典这一政策背后的真正动机。斯巴达人有意拒绝雅典人认为必须要完成的事业,雅典使者也对此做出了提醒,即使他们达成了眼下的目标,也不会搁置这项伟大而纯粹的自卫计划。尽管雅典的盟友很可能感受到共同担负该计划的重压,但他们在其中实实在在获得的好处远远超过所带来的痛苦。盟邦在某种程度上不得不牺牲他们的独立性,但这无疑是正确的道路。如果他们不这样做,联盟根本无法维持,雅典不能让联盟瓦解,只因为雅典知道,一旦联盟不复存在,雅典现在的盟邦都会转向斯巴达,而斯巴达一定会成为统治希腊的暴君。当前雅典的附属城邦或许会对强加在他们身上的轻微的压迫而感到愤怒,但这与他们依附波斯时,波斯强加给他们的压迫相比,实在微不足道。如果斯巴达成功消灭了对手,便会强令所有盟邦(无论是相互敌对,还是反抗其统治者)遵守相同的法律,并建立起寡头专制制度,将每个城邦都置于其铁腕统治之下,那时他们才会深切体会到两种制度之间巨大的差异。

在这次会议之后的秘密辩论中,斯巴达国王阿希达穆斯(Archidamos)发出了清晰且理智的警告,力图劝阻盟邦不要做出草率决定。相比之下,斯巴达五监察官首领——斯特涅莱达斯(Sthenelaïdas)则十分傲慢无礼,他竭尽全力号召臣民加入此次冒险行动。他说,只有犯错的一方才会事先考虑罪行的影响,斯巴达人应该不假思索地下令,进行一场众神支持和保佑的正义战争。这番强硬的演讲让议事会完全倒向他。此后

斯巴达的秘密辩论

在正式的盟邦大会上，斯特涅莱达斯再次发表言论，表示斯巴达认为雅典已经打破了休战的协议，并要求会议参与者决定这次入侵行为是否足以成为发动战争的充分理由。如果历史学家修昔底德没有记录下除科林斯人以外的其他人的演讲，我们会认为这完全是无稽之谈。总之，既然个人仇恨已经让他们放弃了长期以来坚持的不干涉原则，那么对他们而言继续该议题没有任何意义，现在他们应该讨论的是斯巴达承担的神圣使命，即如何将希腊从一切独裁中解放出来。

战争一触即发 公元前431年

这番辩论使盟邦的恐惧达到顶点。大多数人已经接受了进行战争的决定。

斯巴达力图驱逐伯里克利 公元前431年

斯巴达人和他们的盟邦并没有做好立即开战的准备。与此同时，他们还必须尽一切努力将伯里克利驱逐出雅典。

斯巴达最后的要求

斯巴达使者选择性地强调，伯里克利来自阿尔克马埃翁（Alkmaionidai）家族，仍然为库隆的诅咒[1]所困扰，他曾要求雅典人去除这个诅咒，但得到的回复是，斯巴达人必须先摆脱因帕萨尼亚斯事件而仍然受到的诅咒。第二位使者坚持雅典应解除对波提狄亚的围攻，并撤回在港口驱逐麦加拉人的法令。第三位使者简明扼要地要求，现在雅典联邦中的所有希腊人都实现自治。

根据伯里克利的建议，雅典温和且庄重地向斯巴达做出回复。根据希腊法律，雅典有权在港口驱逐麦加拉人，正如斯巴

---

1 伯里克利的母亲是克里斯提尼的侄女，其家族是阿尔克马埃翁家族。克里斯提尼曾祖父在担任执政官时期，有一个叫库隆的年轻贵族发动政变，失败后一行人逃往神庙寻求庇护。克里斯提尼的曾祖父将他们骗出神庙并杀害。根据当时的宗教信仰，任何人都不应伤害神庙中的人。所以这一行为被看作最严重的"渎神"行为，这位执政官及家族被视为"被诅咒的人"。——译者注

达人有权命令五监察官首领将所有外来者驱赶出境而无须任何理由一样。如果斯巴达人愿意放弃禁止外来人居住，或停止驱逐外来人，那么雅典人则会撤销针对麦加拉人的法令。如果雅典各盟邦在签订三十年和约时便拥有自由和自治权，且斯巴达能够有按自己的意愿解决内部事务的权力，那么雅典各盟邦也应具有这种权力。最后，雅典和以往一样，已经做好将所有争端提交给两城邦批准的仲裁方裁决的准备。

很难说，在这场决定性的危机中，伯里克利表现出的哪种品质更令人敬佩，是他迎接这一结果时的态度，是在过程曲折的冲突中所表现出来的坚定气魄，还是明知会对个人造成无法挽回的遗憾仍激励自己尽力，以挽救国家的慷慨无私的爱国之情。有人说他具备坚不可摧的正义感，但他的朋友因他而遭受磨难。哲学家阿那克萨戈拉（Anaxagoras）因他被流放；杰出的雕塑家菲迪亚斯（Pheidias）因他入狱，并在审判开始之前死于狱中；他的儿子小伯里克利的母亲阿斯帕西娅（Aspasia），因协助阿那克萨戈拉破坏人民的信仰而被起诉威胁，虽然最终她被免于起诉，但该控告就足以令她极度悲愤了。

对阿那克萨戈拉、菲迪亚斯和阿斯帕西娅的控诉

尽管伯里克利的政治对手对他如此打击，但他依然一心一意、十分慷慨地为城邦服务，奉献自己的满腔热情。我们不应该因为雅典对手反复无常又狡猾的行径而怪罪雅典。雅典从未妄想让斯巴达及其同盟城邦臣服于自己。科林斯地峡与色萨利城门之战只是幸运的意外，而它们让雅典在短时间内获得高于其他城邦的地位。但这种地位在柯洪内亚战役中消失了，于是雅典坚定地将自己的使命放在通过海洋霸权来维持帝国的兴盛上。这样的帝国绝不会危及斯巴达的地位，或者说对斯巴达几

雅典在战争中真正的立场

乎没有任何直接或间接的损害。真正破坏和平的不是雅典而是科林斯。科林斯人煽动的波提狄亚起义是违反三十年和约的正式标志。雅典人虽然参战，但是出于正义。几年后，斯巴达人承认，在冲突爆发之前城邦之间的论战中，雅典不应受到任何谴责，甚至到最后一刻，雅典都不曾做出任何可能被解释为欲挑起战争的行为，这充分表现了雅典的严格克制。在斯巴达正式代表大会及战争实际爆发后的九到十个月后，雅典也许已经预料到敌人毫无准备，于是准备在对方实力相对较弱的时候瓦解他们。如果不像敌人一样采用非正义手段，雅典无法取得胜利，但是雅典却不能这样做。斯巴达曾多次承诺在力所能及的情况下会对雅典施以援手，对付他们的敌人。这也是雅典在帮助斯巴达镇压希洛人起义时斯巴达做出的承诺。雅典不曾做过两面承诺，也拒绝参与任何可能导致自身崩溃的行动。

第三章
伯罗奔尼撒战争
从发动普拉提亚战役到占领斯帕克特里亚岛

第三章 伯罗奔尼撒战争
从发动普拉提亚战役到占领斯帕克特里亚岛

近八十年来,普拉提亚一直与雅典保持着亲密无间的关系。但是,普拉提亚这座小城距离寡头政权的据点底比斯只有八英里远。在波斯将领马多尼奥斯被希腊联军击溃之后,该政权仍然执迷不悟,拒绝将底比斯从专制统治中解放出来。在普拉提亚,也依然残存着一个企图与雅典划清界限的政治派别,它与底比斯人相互勾结,计划在节庆期间突袭普拉提亚。夜里,趁普拉提亚人熟睡时,叛徒打开城门,底比斯人潜入城内,强制把人民集合起来,命令他们投奔维奥蒂亚同盟(Boiotian confederacy)。普拉提亚人清楚,反抗是没有用的,出于权宜之计,他们接受了底比斯人的条件。随后他们发现,突袭者的人数并不多,于是他们开始设置路障。为了不引起底比斯人的怀疑,他们还在自己家里的墙上打孔,方便共同行动。于是,在拂晓前的漆黑夜色中,普拉提亚人偷袭了底比斯人。屋顶上,妇女在怒吼,男人在咆哮,他们挥石如雨,起初还拼死反抗的底比斯人被打得惊恐不已。由于对普拉提亚缺乏了解,他们最终溃不成军。

少数人从一座无人看守的城门逃走了,而多数人则仓皇地躲进城墙上的一栋建筑物内,他们试图寻找逃生之路,却发现自己陷入牢狱之中,只得无条件投降。受茫茫夜色所困,底比斯人的援军迟迟未到,不过湍急的阿索波斯河(Asopos)才是他们前进中最大的阻挠。这些援军到达普拉提亚后,发现原本的计划已经失败,第一个念头是把城墙外所有的普拉提亚人都抓起来。这时,一名普拉提亚使者发出警告,如果他们胆敢在普拉提亚的领土上伤害任何人,或者破坏任何物品,那么监狱里的底比斯俘虏就会被即刻处死。他还补充道,虽然底比斯人

底比斯突袭普拉提亚
公元前432年

背信弃义、违反休战协议在先，但如果援军能够撤离普拉提亚，他们的同胞会得到释放。

普拉提亚人对底比斯俘虏使诈

底比斯援军接受了这个条件，庄严宣誓后撤离了普拉提亚。这是普拉提亚人对这个故事的记载，他们表示双方并没有达成有益的协议。普拉提亚人只说，在能够通过协商解决问题的情况下，底比斯俘虏都不该被处死。但是，按照底比斯人的说法，普拉提亚反而成了有过错的一方。事实上，他们根本没有与底比斯人进行协商，而是在底比斯援军撤离后就处死了所有俘虏。至此，一场恶战一触即发，这场战争旷日持久，整个希腊都因此寸土难安。

底比斯人的家人被带到雅典

雅典人听到普拉提亚人胜利的消息后，立即派使者前去提醒他们，在没有经过深思熟虑之前，千万不要伤害底比斯的俘虏。在伯里克利看来，底比斯俘虏很有利用价值，雅典可以通过这些俘虏控制底比斯，再进一步控制斯巴达。然而，雅典使者到达后发现，普拉提亚人为了泄愤，浪费了这个千载难逢的机会。幸好，雅典人不像普拉提亚人那样既不考虑自身利益，也不在乎公平正义。然而，普拉提亚人造成的损失已经无法挽回，雅典人只能带走所有不适合参战的人。普拉提亚自此成为雅典的一座军事要塞。

心潮澎湃的时刻

雅典和斯巴达都在积极备战，对双方来说，这是一个心潮澎湃的时刻。为了与同属希腊民族的雅典相抗衡，斯巴达甚至请求波斯进行支援。科林斯人表示，斯巴达人的所作所为是出于一种盲目的愤怒。在雅典，当年的孩子已经长大成人，对曾经发生在家门口的战争却一无所知。当被命令必须离开自己的安乐之所时，乡下的居民只得接受这个严峻的现实。

第三章 伯罗奔尼撒战争
从发动普拉提亚战役到占领斯帕克特里亚岛

这些乡下来的移民涌到雅典城和雅典长墙内的比雷埃夫斯。阿卡奈人（Acharnian）被困在环境恶劣、空间逼仄的城市里，目睹自己富饶的乡间土地被阿希达穆斯率领的伯罗奔尼撒军队蹂躏。他们尽力压制住报仇的冲动。最后，阿卡奈人只好眼睁睁地看着自己播种的谷物被他人收割。虽然伯里克利清楚自己的政策会激起强烈的民愤，但他还是要坚持到底。后来，斯巴达人开始向奥罗波斯（Oropos）海岸进发。但是，当斯巴达人最终迁移到奥罗波斯海岸时，由百艘战船组成的雅典舰队正从比雷埃夫斯港出发，与来自伯罗奔尼撒海岸的五十艘克基拉战船会合。雅典人成功登陆麦西尼（Messene）西南角海岬，几乎就要完全攻下墨托涅（Methônê）。特拉斯之子布拉西达斯（Brasidas）本来驻守在附近的一个斯巴达军事基地，这时他突然越过雅典军队，闯入这座城市。这位年轻军官行动敏捷，立下的军功是其他斯巴达将领都无法企及的。

斯巴达人入侵阿提卡

但是，雅典人决心在夏天结束之前干一番大事业。埃伊纳岛一直以来都被比雷埃夫斯港视为眼中钉，只要岛上的居民还在那里生活，它就一直是雅典人的眼中钉。雅典人通过制订驱逐埃伊纳岛居民的法令，将他们赶到伯罗奔尼撒海岸。埃伊纳岛居民曾经在希洛人起义的战争中帮助过斯巴达，所以他们打算寻求斯巴达人的庇护。一部分逃难者在提里亚（Thyrea）找到了避难所。这样一来，斯巴达相当于在科林斯海湾安插了一群对雅典深怀敌意的人。同样，雅典也在拉科尼亚（Lakonia）和阿尔戈利斯（Argolis）的边界安插了一群对斯巴达积怨颇深的人。在返航途中，雅典舰队与陆军在麦加拉会师，麦加拉的领土正在被一万名雅典人和三千名外邦重装步兵蹂躏。

雅典驱逐埃伊纳岛居民

雅典储备基金

很明显,一场斗争已经开始,在战争结束之前,任何一方都有可能陷入绝境。因此雅典人决定,不仅要采取一切可能的防范措施来保护阿提卡,而且要留出一笔后备金,不到万不得已绝不动用。雅典颁布一条法令:后备金只能用于抵抗斯巴达对比雷埃夫斯港的攻击,除此之外不准挪作他用。随后,在雅典卫城放置了一千塔兰特后备金,并颁布一条严厉法令:任何公民若想通过投票改变这笔资金的用途,将即刻处死。不过,大家都很清楚,这项法令只是一种形式,如果有人想要将这笔储备基金挪作其他用途,只需要提议废除现有的制度或法令,然后提出自己的建议即可。与此同时,这条看似令人厌恶的法令其实意味着,后备金只能在最后关头使用。因此,这并不是一种野蛮的行为,而是为了达到重要目的所做的最清晰的预见和最明智的调整。

雅典的国葬典礼

为这一年[1]画上句号的是雅典殉国将士的葬礼。伯里克利被选为在葬礼上发表悼词的人。他决定在发表悼词的同时,将这些战死的亡魂当作从普拉提亚战役、萨拉米斯海战或米卡尔战役等重大战役中凯旋的战士。

伯里克利的葬礼悼词
公元前430年

在斗争伊始,雅典人就知道他们想要争取的到底是什么。事实上,在战争即将结束的一年里,人们为葬礼消耗的人力、物力远远超过了与波斯斗争的消耗。如果说,需要有一个时刻去提醒雅典人其先祖的自我奉献精神,那么葬礼就是这个时刻。伯里克利迅速回顾了雅典帝国建立的过程,以及迄今所取得的成就。在五十年时间里,雅典遏制住了波斯势力向希腊大陆的

---

1 指公元前431年。——译者注

第三章 伯罗奔尼撒战争
从发动普拉提亚战役到占领斯帕克特里亚岛

扩张,为海洋帝国建立了一道抵御波斯蛮族的屏障,还培养了伯里克利这样一位精通艺术、科学和政治的旷世奇才。五十年后,虽然历史发展的成果几乎同样辉煌,但那种不屈不挠的精神已经一去不复返。只有在伯里克利时代,才能看到二者的结合。因此,伯里克利的悼词好像一幅珍贵的画卷,精确描绘了雅典过去短短几十年取得的成就,这些成就在某些方面甚至超过当前。与雅典形成鲜明对比的是斯巴达,斯巴达的历史画卷呈现的是其严苛顽固的纪律,而不是公民的自由和爱国主义精神。雅典人相信,当需要竭尽全力做出牺牲的时刻来临时,他们完全可以担起重任,雅典完全能够抛弃那些折磨斯巴达人一生的规则体系和审问制度。至于自我牺牲的程度,战场上,雅典人的牺牲要远远多过斯巴达人。斯巴达人几乎不知家为何物,而对于雅典人来说,家是能够为生命创造幸福与欢乐的,能够唤起内心最虔诚的爱国主义的地方。伯里克利接受过最高等的政治和司法教育,身为雅典帝国的一员,他发现这个帝国的伟大之处在于,它帮助公民摆脱奴隶制的痛苦折磨。在葬礼上,伯里克利描绘了他们的政治生活和社会生活。然后,人们在为战死沙场的同胞哀悼,伯里克利向这些人致辞,不难想象他有多么激动。这些人证明了他们完全值得先辈的付出,他们的祖先构建起了雅典帝国的结构,而幸存者的任务就是以先辈为楷模,创造更强大的雅典。当他们的生命在时光流逝中走向终结,他们的记忆一定会充满平静而持久的慰藉。

雅典人认为自己正在进行一项正义的事业,为此他们有着明确而坚定的决心,这场浩战的第一年就这样结束了。但是,从第二年开始,故事出现了惊人的转折。斯巴达侵略军在希腊

雅典的瘟疫
公元前430年

大陆上的时间不长,就得知雅典军队正在被一股比他们还要强大的力量打击。一种罕见疾病,最初爆发于努比亚(Nubia)或埃塞俄比亚(Ethiopia),现在开始向西蔓延,而且已经传播到埃及(Egypt)和利比亚(Libya)一段时间了,覆盖了波斯帝国的大部分地区。正值酷热季节,病毒来袭汹汹,突袭了比雷埃夫斯港。这座城市和雅典长墙之间的空间拥挤不堪,这种环境加剧了病毒的传播。疾病蔓延的速度快得惊人,一旦有人被感染,就等于被判了死刑。接下来的情景是所有希腊城邦前所未闻的,这种疾病几乎超过了人类忍耐的极限。在平时,希腊民族将社会和宗教事务中的礼节视为头等大事,而现在他们全然顾不上体面,一旦发现死尸,就立刻将尸体扔到搭建好的火堆上。在这场苦难中,人们疯狂地享乐,因为也许第二天他们就会死去。不过在这一场噩梦中,至少还有一些慰藉,那些从瘟疫中康复的人不会遭受病毒的二次攻击。他们慷慨施援,展示了高尚的公民精神。他们不知疲倦地照顾那些病痛缠身的人。他们的做法证明了,相比培养战胜凶猛病毒的欲望,培养良好的意识才是激发善举的更大动力。

波提狄亚战役之前瘟疫肆虐雅典

整整四十天,斯巴达国王阿希达穆斯一直在蹂躏阿提卡的土地。在他离开之前,雅典舰队不顾这座城市正在遭遇的悲苦困境,开始在伯罗奔尼撒海岸展开报复行动。瘟疫也跟着士兵被传播到战船上。不过,与夏天时节雅典舰队前往支援攻克波提狄亚造成的损失相比,这些损失简直微不足道。援军一到,他们带来的病毒迅速在被攻陷的波提狄亚的部队中蔓延开来。不到六个星期,四千名重装步兵的队伍中就有一千五百人因为瘟疫死亡。

第三章 伯罗奔尼撒战争
从发动普拉提亚战役到占领斯帕克特里亚岛

这种疾病似乎完全摧毁了雅典人的精力。有使者前往斯巴达求和，人民也愤怒不已，把所受的苦难全都归咎于伯里克利。这位伟人行使将军的权力召集议会，他直白地谴责了雅典人的懦弱，为表明自己为雅典尽忠的决心，这次宣誓要比他在之前的辉煌时代所立的一切誓言都更为坚定。伯里克利告诉雅典人民，他们不应该把目前的灾难都归咎于他，除非他们可以把战争中降临到自己身上的一切意外好运也归功于他。他承认，哪怕是最为强大的心灵也会被突如其来的灾难所动摇，为此他们需要进行更艰苦的努力来恢复到往昔的情况。付出努力是雅典人应尽的责任，这在之后的日子里也给他们带来了回报。事实上，他们也没有借口灰心丧气。雅典人不必畏惧战争的结果，他们完全可以以一种崇高的优越感来面对敌人。但是，他们承担不起的风险就是放弃雅典统治所有同盟城邦的权力。

> 雅典人对伯里克利的愤怒

在伯里克利这位伟大的政治家的劝说下，雅典人民最终下定决心不再向斯巴达求和，他们将激情饱满地投入战斗。不过现在，瘟疫已经击垮了伯里克利一家。他的姐姐、两个儿子克桑提普斯（Xanthippos）和帕洛斯（Paralos）都被瘟疫夺走了生命。为小儿子戴上花圈时，他悲痛欲绝、心如刀割。但是，伯里克利和阿斯帕西娅生的儿子还活着，这个孩子沿袭了父名，被称作小伯里克利。虽然阿斯帕西娅是外族人，但人们还是同意给予小伯里克利雅典公民的身份。没有人比伯里克利更清楚雅典人的能力，也没有人比他更懂得如何激发雅典人的优良品质。在普拉提亚战役之后，伯里克利又在政坛上活跃了两年半，但之后就没有关于他的任何记载了。连伯里克利的敌人都可以证明，没有任何一个雅典人能像他

> 伯里克利政治生涯的终结
> 公元前429年

一样在公民议会中有如此重要的地位，并且能够机警地回避政客们为了蛊惑民心而使用的伎俩。修昔底德曾这样评价伯里克利："他是一位无所畏惧、胸襟坦荡的领导者，历史可以证明他所制定的政策是正确的。"其政策的关键是，在这场伟大的斗争中，如果个人利益与雅典的利益发生冲突，就必须舍弃个人利益。国家资源不能浪费或冒险投入在那些只能让个人获利的事业中。为了实现目标，必须保证国家事业的资金充足、管理得当。修昔底德为此发出过严厉的警告："资金不足和治理不善会让雅典走向毁灭。"伯里克利致力于为雅典人民谋求福祉，但能这样做的只有他而已，他的后继者只想维持自己至高无上的地位，这带来了不可避免的后果。这些领导者并没有将他们的权力和雅典的资源用于促成伟大的事业，这导致这些事业成为永远的未竟之业。如果说雅典真正的伟大始于地米斯托克利，那么我们必须承认，它终于伯里克利。自此以后，雅典开始走下坡路了。雅典人民极具天赋，对艺术、科学、诗歌、音乐、绘画和修辞都有敏锐的感知力，独立城邦的思想已经在他们心中扎根，并产生了理想的效果。为此，必须再次创造伯里克利时代成就雅典的社会和政治条件。但是，这些条件不可能再度完美结合在一起。如果说伯里克利时代是人类历史上最为辉煌的一页，那么这一时代的智慧都体现在伯里克利身上。

斯巴达进攻普拉提亚
公元前 429 年

斯巴达和科林斯两次入侵阿提卡都没有取得成功。在战争的第三年，他们派军队前往已经成为圣地的普拉提亚。其实，进攻普拉提亚并不能为斯巴达带来任何好处。令人惊讶的是，斯巴达的此次进攻仅仅是出于对普拉提亚人根深蒂固的仇恨，

第三章 伯罗奔尼撒战争
从发动普拉提亚战役到占领斯帕克特里亚岛

底比斯人选择派遣伯罗奔尼撒军队去执行这一项代价高昂的任务,即使这项任务根本无利可图。斯巴达向普拉提亚人提出要求,如果普拉提亚人不能恰当地认识寡头政治的好处,那么他们有两种选择,要么加入斯巴达,共同推翻雅典暴政,要么保持中立。虽然斯巴达人的举动不合情理,但普拉提亚人在答复斯巴达人的要求前,就不得不求助雅典人了。普拉提亚人认为,保持中立意味着将斯巴达视为朋友,普拉提亚的城门也会因此向他们的敌人敞开。面对这些担忧,斯巴达国王阿希达穆斯许下承诺,如果普拉提亚人能够信任斯巴达人并且愿意去其他地方暂避,那么他及其同盟者保证,战争结束后一定将普拉提亚完璧归赵,不会破坏这里的一片土地、一间房屋,甚至是一棵果树。在这种情况下,同意这个提议无疑是明智之举,但是普拉提亚人的妻子儿女都在雅典,不经雅典人同意,他们无法给出答复。普拉提亚人派往雅典的使者带回了一个简单的信息:雅典人从未背叛过普拉提亚,也不会任其被敌人欺压。这些话打消了普拉提亚人的顾虑,他们请求雅典人采取行动,然而这些行动要么无法实现,要么代价高昂。事实上,雅典人并没有打算拯救普拉提亚人,困于城内的普拉提亚人只好祈祷,希望斯巴达人在围城时能多发挥他们那出了名的愚蠢。

  历史表明,在古代恶劣的战争条件下,围城时,一些微小的数字有多么重要。斯巴达人试图在木墙之间堆起一个与城墙构成合适角度的土丘,但普拉提亚人把城墙抬得比土丘还高,还挖了城墙的基部,这样一来,土丘就变得毫无用处了。普拉提亚人采取了进一步的预防措施,他们以斯巴达人毁坏的那段城墙的两端为起点,建起了一座与旧城墙高度相当的

普拉提亚之围

月牙形城墙。

一旦敌人穿过外墙,就会发现自己被困在一个既暴露又拥挤的位置。即使斯巴达人使用破城槌,也没有起到作用,因为这些破城槌要么被绳索牵到一旁,要么被重梁砸坏,而这些重梁则是被牢牢地拴在从城墙上伸出来的两根横杆上。据说,斯巴达人曾企图纵火,但他们失败了。于是,阿希达穆斯下令彻底包围普拉提亚。不过,围城任务完成后,围城军队的主力军就被带走了。

> 弗尔米奥科林斯海湾大捷

此时,雅典军队在哈尔基季基遭遇了一些挫折,不过这一切都被弗尔米奥(Phormion)的辉煌胜利抵消了。他带领同胞连连告捷,这足以证明他是所有海军指挥官中最有能力的人。应阿姆布阿齐沃茨(Ambrakiots)及其他氏族之邀,斯巴达海军将军克内莫斯(Knemos)率领一支部队越过科林斯海湾,帮助他们攻陷阿卡纳尼亚的斯特拉托斯(Stratos),并从雅典联盟手中夺取阿卡纳尼亚。卡奥努斯人(Chaonian)以及其他参与此次行动的荒野部落率先行动,他们一心只想迅速攻下阿卡纳尼亚。斯特拉蒂安人(Stratian)的行动混乱而匆忙,可以看出他们要伏击进攻者的侧翼。这次计划十分成功,克内莫斯被迫撤退到了阿纳波斯河(Anapos),该河距离斯特拉托斯十英里,最终流入阿克洛奥斯河。本该支援他们的援军却落入弗尔米奥的手中。科林斯人的战舰刚从亚该亚的帕特雷湾(Patrai)出发,就发现雅典海军战舰从对岸的哈尔基斯(Chalkis)向他们逼近。夜幕将至,科林斯人假装在亚该亚海岸过夜。他们打算天黑后在夜色的掩护下偷渡。弗尔米奥的海军在海上航行了一整夜,黎明时分,他的三桨座战船遭遇了

第三章 伯罗奔尼撒战争
从发动普拉提亚战役到占领斯帕克里亚岛

正在偷越海湾的科林斯战船。这些战船构造笨拙，装备简陋，船首向外围成一个圆圈，圈出的空间刚好够五艘最佳战船突入敌军舰队。弗尔米奥明白，这一天的命运掌握在他自己手中。日出后不久，一股强劲的东风刮过科林斯湾，船只很难保持平稳。对这些生疏的水手来说，即使是在平静的水中保持平衡也是很困难的。这时，弗尔米奥的战船排成一条线，围住了科林斯舰队，并且包围圈越来越紧。东风吹来，科林斯战船被锁死在一个不断缩小的空间，陷入疯狂与混乱。弗尔米奥趁乱下令进攻。接下来发生的事甚至称不上是战争，只能说是溃败。十二艘伯罗奔尼撒战船和大部分士兵被俘虏，那些既没有被俘也没有溺水的人则逃到基利尼山（Kyllene）的伊莱恩（Eleian）码头，与从阿卡纳尼亚回来的克内莫斯会合。

斯巴达人将此次失败归咎于他们自己的懦弱或散漫，并为此愤怒不已，于是派出布拉西达斯和另外两名军官前去支援克内莫斯，命令他们再次作战。至于雅典一方，弗尔米奥已经在急切地请求援军支援了。但是，伯里克利已病入膏肓，而雅典人认为派遣战船去克里特岛（Krete）才是正确的，其目的只是为了一件无关紧要的事情。因此，留在科林斯湾的仅有弗尔米奥和他的二十艘三桨座战船，伯罗奔尼撒的七十五艘三桨座战船在对面的希腊海岸与之遥望。六七天过去了，双方都没有进一步行动。斯巴达人不敢在公海上交战，弗尔米奥也害怕被困在科林斯海湾的海峡里。但是，斯巴达方担心这样下去会有援军前来支援雅典海军，所以他们下定决心立即采取行动。破晓时分，斯巴达战船排成四列，从帕诺尔莫斯（Panormos）海湾向科林斯湾的北岸行进。弗尔米奥发现后，猜测他们应该会

纳夫帕克托斯战役，弗尔米奥二次大捷

向诺帕克托斯驶去，他不愿意看到如此庞大的一支部队靠近这个地方。但是，弗尔米奥刚进入海湾，伯罗奔尼撒舰队就转身迎面而来。面对这种情况，雅典战船只有靠敏捷的速度才能逃过一劫。有十一艘雅典战船逃了出来，他们行动迅速，逃过险境。其余战船均被俘获，不会水的海军被处死。斯巴达舰队开始行动，仿佛大事已成。此时，雅典舰队队尾的一艘三桨座战船发现一艘卢卡迪安（Leukadian）战船在追击自己，这艘战船远远领先于其他伯罗奔尼撒战船。于是，它迅速绕过了刚好停泊在旁边的一艘商船，猛地冲向追击者的船舷。卢卡迪安战船瞬间被撞坏，后面战船上的海军被这个场面深深震惊，有人呆住，停止划桨，有人发现战船竟然不知不觉地划到了浅滩。正在诺帕克托斯附近设防的十艘雅典三桨座战船抓住时机，发起进攻。战斗很快结束了，六艘斯巴达战舰被雅典人俘获，其余逃亡到帕诺尔莫斯。除了损毁一艘战船，雅典人夺回所有的三桨座战船。

谋划夜攻比雷埃夫斯　　就此，斯巴达人把雅典人赶出科林斯湾的计划彻底失败。但是，布拉西达斯认为，他们可以突袭比雷埃夫斯，给雅典重重一击。斯巴达海军登上尼塞亚的麦加拉港。但要么是天气原因，要么是出于恐惧，他们最终放弃了这个相对轻松的任务，决定去突袭萨拉米斯岛。雅典人发现了他们发送的烽火信号，立刻明白了他们的意图，并对此感到十分恐慌。雅典人全力赶往比雷埃夫斯港，他们到达萨拉米斯岛后却发现敌人已经离开，斯巴达人还带走了停泊在布多隆（Boudoron）海岬的三艘哨舰，以封锁通往麦加拉港的水道。

　　雅典人的另一行动同样没有取得成功，这导致色雷斯国王

第三章 伯罗奔尼撒战争
从发动普拉提亚战役到占领斯帕克特里亚岛

西塔尔西斯（Sitalkes）的权力被转移到马其顿国王佩尔狄卡斯（Perdikkas）和哈尔基季基的城镇。但是，想聚集山区中的居民来组建军队并不容易。与山地人合作的雅典舰队已经显得落后了。而且，西塔尔西斯的侄子索瑟斯（Seuthes）与佩尔狄卡斯的妹妹斯特拉托妮可（Stratonike）已经订立婚约，因此他们强烈敦促撤军。于是，军队出发才三十天，就受命撤回，强大的联军就此瓦解。

西塔尔西斯远征攻打佩尔狄卡斯

战争进行到第四年，斯巴达再次入侵雅典，此外一场危机也突然袭来，几乎完全击溃了雅典人。除了麦提姆纳（Methymna），莱斯沃斯（Lesbos）的其他城镇都叛乱了。莱斯沃斯岛是除希俄斯岛之外仍保留提洛同盟自由成员特权的唯一岛屿。莱斯沃斯的寡头统治者更倾向于原有的孤立体系，而雅典人似乎决意要打破所有城邦的孤立。其实在战争开始之前，米蒂利尼（Mytilênê）与萨索斯岛、萨摩斯岛和波提狄亚的寡头统治者都曾请求斯巴达援助他们进行抗争。

莱斯沃斯叛乱公元前428年

现在，他们又派遣使者前往斯巴达，不过这次的请求更为急切和紧迫。在希腊人庆祝奥林匹亚节之前，这些使者还有机会请求援助。修昔底德记录了他们的演讲，如果内容足够可信的话，可以发现这些使者实际上是在进行自我谴责。即使是帝国最狂热的拥护者，也很难这样慷慨激昂地发表长篇大论来维护自己的政策，很难如此清楚地展示自己的统治是多么温和与公平。这些莱斯沃斯使者本身并没有任何抱怨，他们甚至承认自己受到了明显的区别对待。他们能为自己辩护的只有以下几点：第一，提洛同盟的其他成员都已经沦为奴隶制，他们身上的反抗精神正是源于奴隶制的压迫；第二，他们是被迫提前实

莱斯沃斯使者在奥林匹亚的演讲

施计划的。不过,关于雅典与其所统治的自由同盟成员之间的关系,他们只字未提。关于这些同盟成员处理内部事务的独立性,他们也谨慎地保持沉默。但是,限制城邦之间进行斗争会被看作是对自由的剥夺,因此可能招致怨恨。更加不公平的是,他们指责雅典人故意放弃与波斯的抗争,而把矛头指向内部,征服自己的盟友。他们可以用同样的理由控诉在薛西斯入侵希腊时支持波斯的雅典人。

帕切斯包围米蒂利尼

莱斯沃斯的使者进一步鼓动斯巴达人第二次入侵阿提卡,称现在是绝佳的机会,因为瘟疫已经耗尽雅典人的全部后备资金。后半句话的确是事实。战争开始时,雅典国库中储存有六千塔兰特,而现在只剩下一千了。除了用于防御入侵的军队或舰队外,只要有人提议将这笔钱挪于他用,一律格杀勿论。雅典人的决心表明,尽管身陷瘟疫和贫困,他们仍然能够坚守阵地,猛击敌人。雅典将领帕切斯(Paches)率领一千名重装步兵前往莱斯沃斯岛,完全包围了米蒂利尼。斯巴达人萨拉托斯(Salaithos)本来想修墙以爬入米蒂利尼,但冬季的洪流不断冲击着岩石河床,带走了修墙的材料,破坏了他们的围城计划。

米蒂利尼投降 公元前427年

战争进行到第五年,斯巴达人的入侵变得比以往更为残忍。他们翘首企盼来自莱斯沃斯的捷报,但迟迟未听到好消息,战争因此继续拖延。阿尔基达斯(Alkidas)率领斯巴达舰队出兵莱斯沃斯,但他未能成功抵达目的地。萨拉托斯对阿尔基达斯的到来不再抱有任何希望,于是将民众武装成重装步兵,认为这样他们就能突破雅典人的包围,冲出城去。但是这一做法注定失败,民众没有服从命令,并且要求统治者立即分配粮食,

第三章 伯罗奔尼撒战争
从发动普拉提亚战役到占领斯帕克特里亚岛

缓解早已让他们苦不堪言的饥荒。他们威胁说，如果不分配粮食，就向雅典人敞开大门。为形势所迫，寡头们立刻与帕切斯达成协议，帕切斯保证在雅典人民对此事做出判断之前，决不惩罚任何莱斯沃斯人。不久，阿尔基达斯得知发生在米蒂利尼的事情，决定返回家乡。在途中，他野蛮地屠杀了从商船上抓到的俘虏，他本人也因此而出名。阿尔基达斯行动时毫无迟疑，他认为只要在爱琴海海域出现的舰队就一定是雅典人。帕切斯一直追赶着阿尔基达斯到了帕特莫斯岛（Patmos），却还是没有追上。他认为自己的失败像阿尔基达斯一样不光彩，他又回到莱斯沃斯。帕切斯攻下莱斯沃斯的皮拉（Pyrrha）和埃雷索斯（Eresos）这两座城市，并俘获了萨拉托斯，将萨拉托斯和一千名米蒂利尼俘虏送往雅典。可以想象，萨拉托斯根本没有活下来的希望。他向帕切斯许诺，如果他能活下来，他将引开围攻普拉提亚的斯巴达人，但是这不可能成功。最终，萨拉托斯还是被立即处死。

迄今为止，没有任何事情像莱斯沃斯叛乱一样，让雅典帝国陷入如此岌岌可危的境地。因此，怨恨的情绪和复仇的欲望空前强烈。雅典人被这种强烈的情感所支配，没有心思区分有罪之徒和无辜之人。他们接受了处死米蒂利尼全部成年男性的提议，除了已经被抓到的一千名雅典俘虏之外，大概还有六千人。如果修昔底德的话足够可信，在支持这一提议的雄辩家中，反应最激烈的是克里昂（Kleon）。虽然这是修昔底德第一次提到克里昂，但他早就因为反对伯里克利而名声大噪。

雅典人对米蒂利尼人的愤怒

喜剧诗人阿里斯托芬（Aristophanes）用夸张粗俗的手法，将克里昂描绘成一个毫无原则的阴谋家，他通过再虚伪不过的

克里昂的影响

奉承来哄骗人们，从而赢得影响力。在阿里斯托芬的描述中，没有比这更虚伪的了。如果我们可以相信敌人的叙述，那么奉承民众就是他的最后一项罪行。更确切地说，他之所以获得权力，无非是靠着迷惑人的花言巧语、毫无底线的厚颜无耻，以及对民众的严厉谴责，而这些谴责最终能够激起民众的感情。因此，他的野蛮粗鄙得到了那些反感伯里克利政策的贵族政党的原谅。换句话说，克里昂的有力武器就是这些贵族对伯里克利的厌恶，因为伯里克利曾经给予这些古老贵族的特权最后一记重创。

米蒂利尼人的情感更加强烈，正可以为克里昂利用。大多数米蒂利尼人强烈地渴望复仇，克里昂称之为正义。然而，愤怒过后，随之而来的是震惊，如此大规模的杀戮足以染出一片血海。雅典人一致同意重新考虑是否有必要全部处死这些人。第二天早晨，克里昂再次站上台，严厉斥责了民众，敦促他们承担重任，淋漓尽致地释放仇恨。无可否认，莱斯沃斯人受到他严厉的谴责。如果修昔底德的记载足够可信，那么，克里昂说过，寡头统治者与民众应该同罪同罚。很明显，这其实是一个赤裸裸的谎言，克里昂的说辞纯属捏造。事实上，直到寡头们预感到只有动用武力才能避免即将来临的灭顶之灾时，民众才进行了武装。一旦他们拿起武器，就意味着动用了当初以雅典的名义谋得的权力。这一差别正是狄奥多托斯（Diodotos）演讲的主旨，他试图带领雅典人民走向更开阔的精神世界。

狄奥多托斯的演讲：谴责克里昂屠杀米蒂利尼人

毫无疑问，在同盟城邦中，即使在莱斯沃斯岛，雅典也有一群忠诚的朋友，只是这些人被寡头派的暴力暂时压制住了。如果按照克里昂的建议，他们也许会宣布，他们不会注意罪行之间的细微差别，也不会注意有罪与无辜之间的区别。这样一来，无论是敌人还是朋友都会受到刺激，拼死抵抗。而在围城结束后，雅典人封锁米蒂利尼所消耗的费用，只会为他们换来废墟。狄奥多托斯坚持认为，问题的关键不在于叛乱者的罪恶，而在于为雅典为谋求福祉所需要采取的措施。试图通过严厉的惩罚换取未来的收获是荒谬的。雅典的严酷法令要求对所有罪行都处以死刑，却未能成功减少罪行的数量和减轻暴行的程度。除非他们做好处处遭人厌恶的准备，否则，就应该采纳他的修正案，即对关押在雅典的囚犯进行审判，并为莱斯沃斯岛上的米蒂利尼人放一条生路。

这一修正案以微弱优势得到通过。但是，为传达屠杀令所派遣的三桨座战船已经出发将近二十四个小时了，狄奥多托斯这个更为仁慈的决定似乎不大可能有作用。莱斯沃斯使者为派出的第二艘船准备了充足的葡萄酒和大麦粉，并向士兵承诺，如果他们及时到达莱斯沃斯岛，将得到丰厚的奖励。或许，帮助雅典摆脱罪恶和耻辱的强烈渴望让他们充满干劲，他们成功到达莱斯沃斯岛，虽然并没有追上第一艘三桨座战船，但是赶在了帕切斯开始执行他已经公布的法令之前。雅典人的忏悔和仁慈就此终结：在雅典的一千名米蒂利尼人都被处死；米蒂利尼的城墙被推倒，舰队被没收；米蒂利尼每年都要向雅典进贡；雅典骑兵在米蒂利尼领土上定居。

撤回屠杀令

莱斯沃斯岛的沦陷仅仅比普拉提亚岛早几天，或者是几周。随着围城行动的进行，从雅典得到援助的希望越来越渺茫，普拉提亚人决定尝试突围。然而，正当要行动时，几乎有一半的人退缩了，只有二百二十人还在坚持，但结果证明了这二百二十人的智慧。他们很有耐心，并且做足了准备，以方便

一半被困的普拉提亚人逃走

上下那些被攻城者占领的城墙。除了有好身手，他们的运气也很好，行动时恰逢暴雨夜，夜色漆黑，他们顺利逃了出来。之后，他们克服重重危险，来到了一片开阔的土地。他们看到火光闪烁，说明敌人的巡逻队正在西塞隆山（Kithairon）附近追赶他们这群亡命之徒。普拉提亚人认为，一定没有人认为他们会自寻死路，于是他们径直沿着通往底比斯的道路前进了将近一英里。他们没有选择像历史人物一样英勇献身，而是匆匆离开，走上一条山路，经由埃里斯莱（Erythrai），最终去往雅典。

普拉提亚的毁灭

留下来的普拉提亚人又坚持了几个月，抵抗着世界上最可怕的敌人。尽管饥荒正在迅速爆发，但斯巴达将领有特殊的理由在饥荒结束前阻止其蔓延。如果能使普拉提亚人自愿投降，无论是休战还是和平，斯巴达都需要像从前一样，把已经强行占领的土地再拱手让出。因此，他们要求普拉提亚人自愿接受审判，并宣称他们只惩罚有罪之人。

普拉提亚人别无选择，只能接受这些条件，他们很快就看到接下来的后果。斯巴达使者来到这里的时候，普拉提亚人只需要回答一个问题：在当前战争中，他们是否对斯巴达及其盟友做过任何有益的事情？这个问题的形式表明斯巴达人不允许普拉提亚人提及历史。但只有回顾历史，才有可能表明他们现在的确受到了不公平的对待。尽管普拉提亚人竭力请求，但由于底比斯人深重的报复心，普拉提亚人必须做出牺牲。还有人在大肆宣扬底比斯被突袭后，普拉提亚人犯下的罪行。斯巴达人曾经承诺，在谈判未果之前不会伤害俘虏，但他们根本没有进行谈判，而是直接杀死所有俘虏，违背了当初的庄严承诺。这种报复行为让我们想到了导致这场恶战的罪魁祸首——被激怒的复仇精神，盲目地渴望复仇，将谨慎、理智和原则都抛诸脑后。对于这个故事，无论我们看到的是底比斯的说法，还是普拉提亚的说法，都无关紧要，因为他们都是在进行自我谴责时才说出这些事实。如果一项罪行是为了给另一项罪行开脱，那么底比斯人确实有充分的理由处死普拉提亚人。但是，没有必要再争论，斯巴达人已经下定了决心。这些俘虏在回答问题时回避了一些细节，现在他们再次被要求给出正面答案。每个人都给出了否定的答案，但是随后他们就被带走处死了。被关押在底比斯的两百名普拉提亚人和二十五名雅典人也都被处死。于是，在与雅典结盟的第九十三年，普拉提亚走向了衰落，它曾一度崛起，却再次被摧毁。这座城市被夷为平地，它的领土变成了公共土地，租给了维奥蒂亚的牧场主。用底比斯人的话来说，这场戏落幕了，而其中的这些故事很难用其他语言来描述。虽然这场战争触目惊心，但在这场战争中，普拉提亚无论是存在，还是毁灭，都没有重大影响或意义。

雅典与斯巴达交战第五年的夏天，米洛斯岛（Melos）被攻陷，这座小岛是麦加拉人为了保卫尼塞亚港而设置的哨岗。率军取得胜利的将领是尼西亚斯（Nikias），他被称为"将军"，甚至和伯里克利共事过，这是修昔底德首次给出这样的评价。从这一刻起，他成为雅典政治舞台上最重要的人物之一，他天性保守，行事谨慎，后来外界环境逐渐让他感到厌恶，他的政治生涯就此终结。尼西亚斯缺乏军事才能，身为演说家，他也没有多少权力，比起更为广泛的国家利益，他更加关心所属党派的政策。尼西亚斯是一名极其保守的寡头政治家，在雅典的影响力与伯里克利不相上下。在所有涉及金钱的事务中，他都

尼西亚斯占领
米诺斯岛
公元前427年

像伯里克利一样廉洁。除此之外，他在生活中也正派得体，这让他在民众中获得了一定的影响力。不过在其他方面，他的影响力却名不副实。事实上，就他个人而言，他身上有很多值得民众爱戴的品质。他坐拥万贯财富，但他没有沉溺于奢华享乐，而是履行了富裕公民应该承担的礼拜仪式和公共职务。在那个时代，他所展现的慷慨大度已经超出了法律所规定的义务。他这样做其实有双重目的：第一，正如向诸神献上祭品一样，这样的大度安抚了他的良心；第二，这样的大度为他赢得了尊敬，而他纯粹的生活又让这种尊敬升华为赞美。尼西亚斯并不像伯里克利一样对哲学感兴趣，他花费金钱，把闲暇都用来聆听先知的教诲。他需要打理自己的财产，所以他对公共职务没有多大野心，甚至有些反感。他为人谨慎，也给人一种谦虚的感觉，人们便愈发渴望把他推到那个他不愿接受的位置上。为了打消他们的念头，尼西亚斯时常提出一些不合理的要求，但他们一一满足了。

狄摩西尼在埃托利亚战败 公元前426年

在战争的第六年，雅典帝国没有受到任何事件的直接影响。尼西亚斯想要将位于爱琴海中部最南端的米洛斯岛和锡拉岛（Thera）吸纳为雅典同盟的成员，但没有成功。斯巴达也遭遇了失败，他们想要在特拉基斯（Trachis）的赫拉克利亚（Herakleia）建立一个军事殖民地，在这个地方的不远处，就是列奥尼达一世（Leonidas）曾经立下赫赫功绩的温泉关，但这个军事殖民地也没有建成。驻守在莱夫卡斯（Leukas）的雅典中队指挥官狄摩西尼（Demosthenes）有着远大的计谋。他要恢复雅典在维奥蒂亚的霸主地位，并且他没有打算从阿提卡行军，而是选择从埃托利亚山脉（Aitolian）的隘口出发。

第三章 伯罗奔尼撒战争
从发动普拉提亚战役到占领斯帕克特里亚岛

这次冒险以惨败告终，狄摩西尼不敢面对人民，便留在诺帕克托斯附近。之前，他坚持要穿过埃托利亚，为此得罪了阿卡纳尼亚人（Akarnanians）。但是，阿卡纳尼亚人很快就需要狄摩西尼提供帮助了，他们希望与他一同去攻陷莱夫卡斯。当时正值初冬，已经占领奥尔匹（Olpai）的安布拉西亚人（Ambrakiots）袭击了阿卡纳尼亚人。

在狄摩西尼的帮助下，阿卡纳尼亚人赢得了战役。在这场战役中，斯巴达指挥官欧律罗科斯（Eurylochos）被杀，安布拉西亚人被迫慌忙向奥尔匹撤退。另一群安布拉西亚人，实际上是斯巴达的主力，在依多美尼欧（Idomene），被效忠于狄摩西尼的麦西尼亚人（Messenian）打得土崩瓦解。安布拉西亚人第一次进攻时就占领了这座城市，如今，只好任凭阿卡纳尼亚人摆布。阿卡纳尼亚人是在狄摩西尼的强烈敦促下才走到这一步的，但初见成效以后，他们又重拾对狄摩西尼的怨恨，拒绝再听从他的建议。这场战争非常惨烈，并未给雅典带来多少好处，不过狄摩西尼倒是从中受益不少。在没有请求雅典帮助的情况下，狄摩西尼赢得了这场战争，成功为过去的错误赎罪。安布拉西亚人承诺不再参与任何直接针对雅典的行动，除此之外，雅典在这场战争中一无所获。但实际上，他们的收获是用另一个约定换来的，即阿卡纳尼亚人不得参加任何针对伯罗奔尼撒人的行动。

战争的第七年，伯罗奔尼撒人再次入侵雅典。在前一年，接连而至的地震阻止了他们行动。但是，这一次，他们出发还不到两个星期，斯巴达国王阿希达穆斯的儿子阿吉斯（Agis）就收到消息，让他尽快返回。诺帕克托斯的麦西尼亚人曾经建

狄摩西尼接连战胜安布拉西亚人

战争第七年，狄摩西尼占领皮洛斯
公元前425年

议狄摩西尼远征埃托利亚，却以失败告终。如今，他们又想让他在斯巴达领土上建立一个强大的军事基地，因为这对雅典大有裨益。狄摩西尼在奥尔匹和依多美尼欧的胜利让他声名鹊起，为此，人们同意从伯罗奔尼撒海岸派遣四十艘战船去克基拉和西西里执行任何行动。他提议让军队停靠在皮洛斯（Pylos），这样可以帮助他们实现目标。而与他一同航行的将领不愿意听从他的命令，他们坚持继续往前航行，但是，一场暴风雨把他们带回了皮洛斯。狄摩西尼再次劝说他们接受自己的计划，却依旧徒劳，无论是他的部下还是士兵，都不愿意听从他的命令。暴风雨持续了好几天，人们开始自发地在皮洛斯设防，权当打发时间。他们没有可以凿石头的铁器，也没有能盛砂浆的器皿，所以只能简单地把石块堆到一起，也没有能用的砂浆。需要黏合时，他们把砂浆背在背上，用手护住运过去。一开始他们只当作在打发时间，不过很快他们就认真起来，还产生了兴趣。六天的时间足够让他们在裸露的陆地上修起一堵墙，狄摩西尼留下五艘船驻守在皮洛斯。修昔底德将这个地方描述成一个岩石嶙峋的海角，这个海角与斯帕克特里亚岛（Sphakteria）之间隔了一条水道，这条水道很宽，足以让两艘三桨座战船并排航行。斯帕克特里亚岛从西北向东南延伸，它与大陆之间隔的是一条可以容纳八九艘战船的水道。宽阔的皮洛斯港就坐落在防波堤内。可能是时间改变了大地的形态，也可能是历史学家没有得到准确的测量数据，但毫无疑问的是，古代的皮洛斯海湾就是现在的纳瓦里诺海湾（Navarino）。它见证了狄摩西尼的成功，也见证了土耳其舰队被爱德华·科德灵顿爵士（Sir Edward Codrington）及其法俄盟友所摧毁。

第三章 伯罗奔尼撒战争
从发动普拉提亚战役到占领斯帕克特里亚岛

阿吉斯和部下撤离了阿提卡,雅典人占领皮洛斯的消息传到了他这里。斯巴达人计划在雅典人得到增援之前,形成海陆夹击之势,竭尽全力击溃他们。为此,厄匹塔达斯(Epitadas)下令让一队重装步兵驻守在斯帕克特里亚。狄摩西尼完全展现了身为一位领导者的能力与英勇。他派出两艘战船,火速赶往扎金索斯(Zakynthos)援助雅典海军中队。之后,他又让剩下的三桨座战船停靠在皮洛斯城墙下的岸上,并且用结实的栅栏把它们围了起来。他把大部分兵力留下来驻守陆地上的城墙,自己带着六十名重装步兵和几名弓箭手前往海滩。这一天如他所预料的那样过去了。伯罗奔尼撒的围城军向来无所畏惧,不过这次他们什么也没做。由四五艘船组成的斯巴达分遣队发起海上突袭。不过雅典人已经准备好在狭长的入口处与他们交战。因为斯巴达人只有通过这个入口才能靠近军事要塞,而他们的盟友就潜伏在这个危险海岬的岩石和暗礁之间。船只有被毁的风险,船长们因此退缩了。看到此景,布拉西达斯十分愤怒,质问他们:难道仅仅为了节省造船的木材,就容忍敌人在国土上立足生根吗?他坚持要把自己的船直接开向海滩,他站在舷梯上,准备跳上海滩。但是,他站立的位置让他完全暴露在镖和箭雨中。他被射中,倒地昏厥,左臂悬在船舷上,盾牌滑入水中。不一会儿,这块盾牌被海浪冲到海滩上,被雅典人捡起,成为缴获的战利品,以装点战争的胜利。

布拉西达斯驱逐雅典人失败

夜晚来临,在伯罗奔尼撒海岸,雅典人出乎意料地战胜了伯罗奔尼撒人,后者想从自己的船上回到自己的土地上,却以失败告终。又过了两天,斯巴达人努力在海滩上找到立足点,却只是徒劳。第三天,来自扎金索斯的雅典舰队抵达海滩。那

斯巴达重装步兵被困斯帕克特里亚

天晚上，雅典指挥官被迫撤退到普罗蒂岛（Prôtê）。第四天，他们继续前进，如果敌人不出来在公海上交战，他们就打算强行进入。斯巴达人只能在港口内等着雅典人进攻。雅典人则从两个入口同时攻入，冲向斯巴达人，击垮了很多斯巴达战船，并且还俘走了五艘。看到自己的重装步兵被阻断在岛上，斯巴达人既惊恐又悲痛。这些重装步兵大多属于斯巴达的贵族家庭，如果解救他们，让他们免受饥饿之苦，免于被强大的敌军俘获，就必须立刻采取行动。斯巴达官员迅速赶到皮洛斯，想要达成休战协议，他们等待雅典使者带回人民的决定。或是寻求和平，或是继续战争，这一切由雅典人民决定。雅典人的条件是，斯巴达把所有舰队都交给雅典人，在休战结束时斯巴达人也应该再次放弃这些舰队，并且不允许斯巴达人攻击雅典的防御工事。如果答应了这些条件，斯巴达人就可以每天给被困在斯帕克特里亚的重装步兵提供食物和酒。一旦斯巴达人违反这项协议中的任何一项条款，整个协议都将作废。

斯巴达使者前往雅典求和　　雅典人亲眼看着阿吉斯率领斯巴达军队提前撤离，不过事情过去没几天，他们意料之外的一幕出现了。斯巴达使者前来求和，语气温和，这完全不符合斯巴达人的民族性格。斯巴达重装步兵被困在斯帕克特里亚，这件事让斯巴达人认识到很多早已被他们遗忘的责任。他们懂得了忍耐和仁慈的价值，也意识到过度的斗争是多么愚蠢而罪恶。他们说，整个希腊世界都迫切需要休战。虽然现在他们也不清楚是谁挑起了这场斗争，斗争的目的也只是一个模糊的概念，但他们现在想休战。毫无疑问，此时斯巴达人对雅典人的示好十分真诚，他们说，是时候结束战争了。这可能是他们说过的最有用的话了。的确，当

第三章 伯罗奔尼撒战争
从发动普拉提亚战役到占领斯帕克特里亚岛

初雅典遭受瘟疫蹂躏时，斯巴达人对雅典人的和平提议不屑一顾。但雅典人的态度更为温和，他们当中很多人愿意忽视双方之间的矛盾，这样做不仅是为了雅典的利益，更是为了整个希腊的利益。不幸的是，在这些温和派中，没有人敢冒险强迫所有雅典公民都接受这种利害关系。

伯里克利已经逝去，而克里昂他曾经煽动同胞去屠杀友好的平民和反叛的米蒂利尼寡头，时至今日他的思想依旧如故。他坚持让被困在斯帕克特里亚的重装步兵交出武器，还补充道，当这些人被带到雅典后，如果斯巴达可以把尼塞亚、佩盖、特洛真和亚该亚还给雅典，那么双方或许可以继续休战。我们很难去判定克里昂提出的这个要求是否不道德或不公平。不过想想麦加拉与雅典的故事，可以发现克里昂提出这个要求有两个正当理由。麦加拉曾经主动与雅典建立友谊，后来却忘恩负义，辜负了雅典为他们所做的一切。这种行为称之为背叛也不为过。此外，麦加拉永远不可能独立，作为雅典的盟友，它服从于雅典，雅典自然也掌控了科林斯地峡。因此，雅典人不可能允许斯巴达人保留随意向阿提卡派遣军队的特权。

克里昂的要求

到目前为止，克里昂的要求是完全合理的。即使他同意斯巴达使者提出的请求，派出专员去和他们讨论条款，并把结果告知人民，他也丝毫不会放弃自己的立场。但克里昂出乎意料地做了一件蠢事，他强烈谴责斯巴达人口是心非，他从一开始就怀疑斯巴达前来求和别有用心。他认定斯巴达人想要欺骗雅典人，命令这些使者把真实的目的说出来。斯巴达使者吃了一惊，他们完全没有在人民大会上发言的经验。在雅典的温和派或保守派中，自尼西亚斯执政以来，没有任何人敢让人民决定

克里昂遣返斯巴达使者

是否接受斯巴达使者的请求。雅典人民选择听从克里昂的决定，而克里昂选择不予理会斯巴达使者的请求，这显然是错误的。斯巴达使者回到皮洛斯，双方的休战告一段落。但雅典人称斯巴达人违反和约，拒绝将伯罗奔尼撒舰队归还给斯巴达人。

战争重启，雅典人的困难

认为斯巴达不诚实使雅典意识到阻止斯巴达重装步兵逃离斯帕克特里亚至关重要。这让解救厄匹塔达斯及其部下变得更加困难，除非斯巴达能够攻陷狄摩西尼的防御工事，并至少收复一部分战船，否则不可能成功。不过，虽然雅典人已经赢得巨大的优势，但他们发现自己似乎在做一项能力范围之外的任务。他们的驻军将寡兵微，一支敌军从陆地上包围了他们，而这个小半岛山顶上的泉水是他们的饮用水的唯一来源。与之相比，被困在斯帕克特里亚的斯巴达重装步兵不仅可以从小岛中心获得优质的泉水，还能享受大量的美酒和美食。给他们送食物的既有斯巴达的希洛人，也有自由人，只要完成任务，前者就可以获得自由，后者则可以得到丰厚奖励。雅典人收到新消息：在冬季来临前，所有三桨座战船必须全部撤离，而一旦他们离开，困在斯帕克特里亚的斯巴达重装步兵便会立即设法逃离。雅典人向来喜欢把责任推给提议者，所以现在民众对克里昂怒气高涨。这位皮革商人（克里昂的职业）有多为难，他的政敌就有多高兴，不过这仅仅是出于自私罢了。克里昂因一时冲动，捏造谎言来控诉皮洛斯派来的使者。然而，后来他被派去现场查明真相。他发现，如果一切都是真的，他就必须撤回所说的话，否则，他歪曲事实的行为就被判为说谎。不过，他还有充足的理由告诉雅典人，如果他们选择相信皮洛斯使者的话，那么他们该做的就是向皮洛斯派遣足够的援军。他还说，

第三章　伯罗奔尼撒战争
从发动普拉提亚战役到占领斯帕克特里亚岛

在场的将军如果有勇气，就应该立刻前往皮洛斯，若他处在他们的位置，就一定会去。在这种情况下提到他自己，最差的结果只会被说是言行失检。但是，尼西亚斯不愿承认克里昂所指出的这些责任，他反驳道，如果事情真那么容易，克里昂就应该亲自去做。

尼西亚斯态度坚决，克里昂只好坦白承认自己在军事指挥方面确实无能。但是，尼西亚斯依旧固执己见，如果他不是故意叛国，就只能说他小肚鸡肠了。克里昂越是想要逃避，人民想通过这份和约的愿望就越发强烈。尼西亚斯把这件事当成了俘获政敌的绝妙陷阱，他冒着毁掉雅典军队的危险冷静地提议，让一个他认为一无是处的人去执行这项艰巨，甚至是不可能的任务。克里昂最终决定行动，他还补充承诺，二十天内一定会把斯帕克特里亚的斯巴达重装步兵带回来。在修昔底德眼中，克里昂的承诺近乎疯狂，虽然在演讲中他说雅典人有能力完成这项尼西亚斯口中不可能完成的任务，但是他希望同僚可以成为在阿卡纳尼亚和安非罗基亚（Amphilochian）建功立业的将帅，这已经是他最大程度的理智和谦虚了。而修昔底德告诉我们，克里昂的演说受到雅典人的嘲笑。这些人清醒而冷静，他们十分满意这样的安排，因为这样做至少可以带来一个好处——要么挫败克里昂，要么战胜斯巴达，后者可以带来和平，但是他们更渴望的则是前者。在英国人眼中，这些头脑清醒的人只不过是叛徒罢了。我们很难不推导出这样的结论——嘲笑克里昂的并非普通雅典民众，而是寡头团体的成员，以及那些不敢得罪寡头的人。

到达皮洛斯后，克里昂立刻提出让斯巴达人交出重装步

克里昂参与抓捕斯帕克特里亚的斯巴达人

狄摩西尼和克里昂抓捕斯巴达重装步兵

兵，并且承诺在达成和平协议之前会善待他们。但斯巴达人并不接受这个提议。于是，在克里昂完全同意后，狄摩西尼准备出击。事实上，克里昂自始至终都是狄摩西尼将军的副手，并且狄摩西尼非常信任他。狄摩西尼目标远大，打算用轻武装部队来完成任务。如果是和雅典重装步兵交战，那么斯巴达人很可能伤亡惨重，相比之下生擒敌人更有意义。从一开始，斯巴达人就没有胜算，他们试图靠近雅典的重装步兵，雅典轻武装部队的武器如阵雨般从两侧袭来，破坏了他们的计划。最后，斯巴达人慢慢退回到位于小岛西北端地势最高处的哨所中，但这一步行动注定了他们的厄运。他们离开岛上唯一的水源，几个小时后他们就会口渴。但狄摩西尼想留他们性命。一名麦西尼亚人向导带领一支庞大的军队穿过一条秘密小路，来到敌人后方更高的位置。斯巴达重装步兵就这样被包围了，狄摩西尼立刻派出使者要求他们无条件投降。根本没有商量的余地，斯巴达人只能放下盾牌，表示愿意接受这些无法拒绝的条件。在四百二十名被困在岛上的重装步兵中，有二百九十二人被活捉，其中超过一百二十人是正统的斯巴达贵族。克里昂大功告成。在离开二十天后，他兑现了修昔底德所谓的那个疯狂承诺，不过代价是向比雷埃夫斯港支付有史以来最昂贵的运费。

第四章
伯罗奔尼撒战争

从被困于斯帕克特里亚的斯巴达人投降到米洛斯岛大屠杀

第四章 伯罗奔尼撒战争
从被困于斯帕克特里亚的斯巴达人投降到米洛斯岛大屠杀

狄摩西尼和克里昂的胜利使雅典民众的心态发生了变化，他们不再渴望和平，而是下定决心全力发动战争。近三百名斯巴达重装步兵被囚禁在雅典，如果伯罗奔尼撒军队胆敢越过阿提卡边境，他们随时会被当众处死。斯巴达人的尊严受到了践踏，在希腊其他城邦看来事实也是如此。斯巴达人派出不止一名使者前去求和，但是得到的只有体现得淋漓尽致的屈辱感。但是，此时伯里克利已经去世，没有人再次告诫雅典人不要贪图好运，得寸进尺。

<small>雅典公民情绪的变化</small>

雅典占领了皮洛斯，给敌人埋下一个心头大患。战争的第八年，他们又占领了拉科尼亚海角东南端的基西拉岛（Kythera）。作为斯巴达人的港口，基西拉岛迎接过来自埃及和利比亚的商船，还帮助它们轻松摆脱私掠船的困扰。雅典人与渴望摆脱斯巴达寡头统治的民众达成共识，结为盟友。当尼西亚斯和同僚们带着两千名重装步兵和一些骑兵到达时，斯巴达人只是在表面上进行抵抗，而没有真正地抵抗。雅典战船从基西拉岛出发，沿着拉科尼亚海岸在许多地方登陆。雅典军队最后在被驱逐的埃伊纳岛居民的避难之处提里亚登陆，并将这里席卷一空。在城内抓获的埃伊纳岛人被带到雅典处死。埃伊纳岛人曾与雅典人共享萨拉米斯海战的荣耀，而现在他们的残存力量却被斩尽杀绝。一场致命的疾病袭来，这场流行病与普拉提亚经历过的灾难一样恐怖，其力量强大到能够阻止希腊国家的形成与发展。

<small>雅典占领基西拉岛
公元前424年</small>

希洛人冒着生命危险为那些被困在斯帕克特里亚的重装步兵运送食物，斯巴达人承诺会让他们获得自由。而没有获得释放的希洛人要么逃到皮洛斯的麦西尼亚人那里，要么逃到基西

<small>斯巴达人屠杀希洛人</small>

拉岛。斯巴达人担心这些逃兵逃得太远，于是宣称，如果有人为斯巴达所做的一切是为了换取自由，那么就应该站出来索取自由。如果他们的要求足够合理，就可以得到满足。史书说，经过筛选之后，共有两千名希洛人获得自由。他们头戴花环，向供奉着诸神的神庙走去。几天后，这两千人突然消失，永远没有再出现。在历史学家修昔底德看来，斯巴达人的自私情绪和恐惧心理占据了上风，而这自然会让他们变得怯懦残忍。斯巴达实施的政策软弱无力，与雅典人的活力强劲形成鲜明对比，这让他们的自尊心进一步受挫。他们对未来的预期不是胜利，而是灾难。

布拉西达斯的计划

　　斯巴达这样的国家是否值得拯救，这是另一个问题。但毫无疑问，如果没有布拉西达斯的这个非斯巴达式的天才人物，斯巴达肯定已经倒下。这位杰出人物发现，只有将雅典军队转移到远方，才能放松他们现在对伯罗奔尼撒半岛的铁腕控制。当时，哈尔基季基的诸城邦和背信弃义的马其顿国王佩尔狄卡斯都向雅典军队发出了邀请，使这种转移成为可能。此外，布拉西达斯还提出，必须养兵备战，这样才能够随时派出斯巴达军队去支援那些想要反抗雅典的城邦。斯巴达人非常急切，将这项任务交给布拉西达斯。不过，还有更重要的事情，那就是抓住机会解决另一批希洛人。七百人武装成重装步兵，之前已经有两千名希洛人被杀，而这七百人在越过拉科尼亚边界后没有采取复仇行动，不是选择与他们在战场上相见，而是逃向了雅典。这一点就足以让我们猜想，或许那场可怕的屠杀只是一个梦。

　　在布拉西达斯召集伯罗奔尼撒盟军北上之前，有人要求

第四章 伯罗奔尼撒战争
从被困于斯帕克特里亚的斯巴达人投降到米洛斯岛大屠杀

军队驻扎得离家更近一些。即使当时麦加拉已经对雅典这座伟大的城邦产生了反感情绪,还是有少数人认为与雅典联合要好过寡头统治之下的独立。他们与雅典将军希波克拉底(Hippokrates)和狄摩西尼共同制订了一个降服麦加拉的计划。不过,这个计划被泄露。当雅典人从雅典带来了工具和工匠,几乎快要成功筑墙包围尼塞亚港时,布拉西达斯出现在麦加拉的城门外,要求进入这座城市。城内两个派别都提高警惕,并决心在其中一方取得决定性胜利之前,不允许任何人进入。布拉西达斯猜到了无法进入麦加拉的原因,便向海洋前进,发起战斗。但雅典的将军们对失败深有预感,怀疑他们能否承担失败的风险,去对抗由众多伯罗奔尼撒城邦合力组建的军队,而这支军队最糟只会损失一小部分兵力。此外,雅典人已经占领尼塞亚,并切断麦加拉与长墙的联系,因此,他们放弃了进一步攻下麦加拉的计划。麦加拉城门立即被打开,布拉西达斯的军队进入城内。在这一年结束之前,麦加拉人控制了自己的长墙,他们将长墙夷平。

雅典征服麦加拉的计划失败

看到布拉西达斯的功绩,雅典人本该立即认识到,他们的当务之急是不惜一切代价挫败他的计划。虽然雅典人已经占领皮洛斯并攻下基西拉岛,但是,如果布拉西达斯获得成功,这一切都将化为乌有。然而,雅典人的心思并未完全在此,他们梦想着恢复在维奥蒂亚的霸主地位,将曾经在科洛尼亚战役中失去的一切找回来。他们发现在维奥蒂亚的许多城邦中,有不少人想要摆脱氏族统治的沉重压迫,这让雅典人充满希望。在雅典的这些天然盟友的帮助下,狄摩西尼从诺帕克托斯航行到科林斯海湾东端的西帕伊(Siphai)。这样一来,雅典人就能

雅典恢复在维奥蒂亚实施霸权的计划

够在南方站稳脚跟；如果能够进入奇罗尼亚（Chaironeia），自然可以在北方立足；而在东方，他们会加固代立昂（Delion）圣地或阿波罗神庙，从而打造一个更强大的行动基地。这个计划能否成功取决于执行的精准度。不幸的是，雅典的指挥官们并不守时，在他们到达西帕伊后，狄摩西尼发现有人泄露了他的计划，西帕伊和奇罗尼亚都被维奥蒂亚人全面占领了。尽管如此，雅典还是派出两千人前往代立昂加固防御工事。五天后，希波克拉底几乎完成了所有工作，但是这五天对他的事业却造成致命的打击。

代立昂战役　　维奥蒂亚军队匆忙赶到代立昂，却发现敌军主力已经越过边界。他们一开始还顾虑是否在阿提卡的土地上攻打雅典人，但是这种顾虑很快就被打消了。因为底比斯的维奥蒂亚将军帕冈达斯（Pagondas）告诉他们，无论在哪里，雅典人都是他们的敌人。他还声称自己不理解为什么在雅典人的土地上就不敢去攻打雅典人，这和在其他地方攻打他们并没有区别。当时天色已晚，但是他们决定立即开战。底比斯的重装步兵有二十五人，而雅典人的前线只有八人。这种对比表明，人们越来越意识到，在两支军队实力相当的情况下，勇敢和纪律就是决定成败的关键。随后的战斗异常激烈，帕冈达斯派往山丘的一队底比斯人突然出现在雅典人面前，使他们陷入难以平息的混乱局面。近一千名雅典重装步兵与他们的将军希波克拉底死在战场上。底比斯人小心翼翼地进行防卫，准备第二天攻下代立昂。

攻陷代立昂的军事堡垒　　战斗结束后，一位雅典使者前往代立昂，要将战死将士的遗体带回雅典埋葬。他在路上遇到一位维奥蒂亚使者，他们一起来到代立昂。这位维奥蒂亚使者指控雅典人亵渎了圣地，并

第四章　伯罗奔尼撒战争
从被困于斯帕克特里亚的斯巴达人投降到米洛斯岛大屠杀

补充说，在他们撤离圣地之前，都不能将死者带回去。其实雅典人本可以据理反驳，因为希腊法律不允许对埋葬死者提出任何条件，所以维奥蒂亚人必须把尸体交出。但是，他们没有这样做，而是辩解称，既然雅典人已经占领了这片土地，那么这片土地上的神殿也是阿提卡人的财产，因此不能说雅典人亵渎了圣地。另外，既然雅典人是在自己的领土上，就没有人能要求他们放弃这片土地。面对这样荒谬的辩解，维奥蒂亚人本该反驳，在征服一个国家时将这个国家的神庙一同占领是一回事，而占领一个圣地作为军事基地，进而征服这个圣地所属的领土是另一回事，这二者有明显不同。但是，或许是因为难以抗拒想报复雅典人的诱惑，于是维奥蒂亚人回答，如果雅典人确实是在自己的领土上，可以不用征求任何人同意就能带走想要的东西。即使如此，雅典人还是坚持认为，阿提卡并没有超出雅典防御工事的范围，因此维奥蒂亚人必须无条件交出死者。但维奥蒂亚人没有理会这个要求，而是立即着手攻打雅典的防御工事。维奥蒂亚人把一根木梁挖空，用作通气管道，气流从管道的一端被排到另一端的大锅里。锅里装有木炭和硫黄，被铁链牢牢地拴在管道上。就这样，维奥蒂亚人用这个方式点燃了以木材为主要材料建造的防御工事。维奥蒂亚驻军源源不断来到代立昂，攻下雅典人的堡垒。雅典使者再次出现，维奥蒂亚人没有异议，直接交出了雅典将士的遗体。原本只要雅典人还没有抓住布拉西达斯，他们就不应该开始这个计划，而现在，行动已经结束了。雅典人白白浪费了精力，让布拉西达斯这位异常警惕的将领成功逃到色萨利。

尽管大部分色萨利人站在雅典这边，但布拉西达斯还是带

布拉西达斯穿越色萨利	领军队穿过色萨利，来到马其顿。直到这时，雅典人才意识到自己的危险处境。即使如此，他们也只是对佩尔狄卡斯宣战——对一个背叛成性、抛弃盟友的将领宣战完全是多此一举。雅典人为了维护帝国根基而暴露的缺点，清楚地说明伯里克利的逝世对于雅典而言是多么致命的损失。如果伯里克利还在世的话，是否会同意狄摩西尼采取行动恢复雅典在维奥蒂亚的霸权，我们表示怀疑；但毫无疑问，他会倾尽整个帝国的力量，对抗并击溃布拉西达斯。
布拉西达斯现身阿坎索斯	当布拉西达斯出现在阿克特（阿陀斯）半岛南部的阿坎索斯（Akanthos）的城门前时，葡萄已经采摘好，因此，一年的生产都在他的掌控之中。他期待着哈尔基季基的寡头们向他表示热烈欢迎。但他惊讶地发现其城门守备森严。他只好请求阿坎索斯人，到他们面前亲自解释自己的行为。因为这些民众的财产都在布拉西达斯手中，他们只好不情愿地答应这个请求。他的任务是说服他们，让他们相信只有反抗雅典，才能保证自己的幸福和安全。布拉西达斯向他们保证，斯巴达人是带着真诚、渴望来到这里的，只想完成一项任务：推翻不公正的暴政。他告诉民众，他想将自由带给他们，却发现没人张开双臂欢迎自己，这让他很吃惊。他无法容忍这些人对自己的轻视。如果他被拒绝，那么雅典的其他盟友就会认为，他承诺的自由只不过是空想，或者他争取自由的能力与他的野心并不相称。布拉西达斯说，他已经让五监察官起誓，任何愿意与斯巴达联盟的城邦都能保留绝对的自治权。他想以此赢得他们的信任，但他没有想到的是，强行让别人接受这样的誓言会让人以为，如果不立下誓言，斯巴达的官员就根本不值得信任。但是，布

第四章 伯罗奔尼撒战争
从被困于斯帕克特里亚的斯巴达人投降到米洛斯岛大屠杀

拉西达斯准备了两个理由进行回应——一个是希腊民族普遍具有的显著特质——离心本能;另一个理由与他们的钱财有关。他向他们保证,他口中的自由可以完全按照字面意思去理解,也就是说不仅仅是帮助他们从雅典的枷锁中解放出来,而是获得彻底的自由,可以自主决定是否同意与斯巴达结盟。但是,如果他们拒绝了他的提议,那么这些成熟的葡萄就会被踩在斯巴达脚下,他们的葡萄园也会遭到践踏。布拉西达斯这个特别的请求如此重大,因此大部分公民进行秘密投票,决定反抗雅典。自由辩论和自由投票的闹剧落下帷幕。之后,斯塔吉拉人(Stageiros)很快效仿阿坎索斯人,开始反抗雅典。

几周后,布拉西达斯出现在安菲波利斯的城墙前。这个城邦的位置十分重要,雅典人小心翼翼地守卫着它。他们投入大量的时间、精力和金钱,就是为了守住这个能够通往两大区域的关键地点。然而,这里的雅典人还没有进行大规模的反抗,安菲波利斯就落入了布拉西达斯的手中。在一个风雪交加的夜晚,民众得知布拉西达斯的军队已经到达城墙下,他们的土地以及所有当时不在城中的人都在布拉西达斯的掌控中。尽管如此,民众坚持要关闭城门,而且要求雅典将领攸克利(Eukles)向他的同僚,即历史学家修昔底德请求立即前来援救。当时,修昔底德与他的舰队正在萨索斯岛,这座岛屿距离安菲波利斯有半天的航程。修昔底德火速前往,却发现布拉西达斯已经捷足先登。布拉西达斯深知,无论付出什么代价,都要保住安菲波利斯。于是,他向所有选择留下的公民保证他们能享有充分的公民权,而对那些选择离开的人,他会给他们五天时间转移财产。安菲波利斯人接受了这些条件。原本再过二十四小时,

布拉西达斯占领安菲波利斯

斯巴达人就可以成为埃昂（Eion）这片土地的主人。但在那天晚上，修昔底德的七艘船进入斯特里蒙河河口，避免了为雅典增添新的耻辱。他小心翼翼地指出，他的到来将会把这座城市从危险中拯救出来。不过，这种小心暴露了他内心的焦虑，他希望与这群人处理好关系，而他有足够的理由担心他们的理智会随时崩溃。

雅典帝国枷锁的松动

阿坎索斯和安菲波利斯这两座城市的居民大多不愿与斯巴达结盟，而且这两个城市都不允许自由辩论或自由投票，这一点十分重要。可以说，关于这场战役的完整历史记录是指控雅典帝国崩溃最确凿、最有利的证据。尽管布拉西达斯一再承诺不会干涉他们的内部事务管理，但他们还是努力克服困难反对与斯巴达结盟。由此可以得出结论，这两座城市作为服从于雅典的同盟，除了渴望内政独立之外，并没有对雅典的干预有任何不满。如果雅典要求上缴的贡金超出他们的负担能力，如果征税者从他们身上榨取了超出规定数额的税款，如果雅典拒绝或不愿对他们所受的伤害采取补救措施，那么他们肯定会满怀感恩地投入布拉西达斯的怀抱，因为这种改变只是为了更好的未来。但是，正如我们所见，雅典拷在盟友身上的帝国枷锁只是引发了一些敏感情绪，并没有激起真正的怨恨。在阿坎索斯和安菲波利斯也是如此。他们对雅典并没有很深的感情，但由于他们认为与雅典的关系总体上对自己有利，所以并没有因为对一个陌生人的热情崇拜而冲昏头脑。而且，这个陌生人带来的不过是让他们陷入完全孤立的状态。布拉西达斯的出现其实只是一个派系阴谋罢了，这个派系虽然不大却十分霸道。它决心要让人民反抗雅典，威胁说如果拒绝反抗就会遭受毁灭。即

第四章 伯罗奔尼撒战争
从被困于斯帕克特里亚的斯巴达人投降到米洛斯岛大屠杀

使如此,还是有人说,如果能够预见几个小时后就能等到修昔底德的援救,那么安菲波利斯也会选择继续忠诚于雅典。

安菲波利斯叛乱的消息让雅典人感到惊恐。事实上,安菲波利斯是他们占领色雷斯的关键。此外,失去安菲波利斯会让雅典的声誉受损,增加其他同盟造反的可能性。这种危机感和紧迫感并没有让雅典振奋起来,反而几乎让它陷入瘫痪。除了派遣几支部队加强对色雷斯各个城市的驻守外,雅典没有采取其他任何行动。由于斯巴达人不愿推进他们没有把握的计划,雅典才避免遭遇更严重的灾难。据说,克里昂曾控诉修昔底德能力不足或故意管理不善,而这位历史学家未能为自己辩护,遂被判放逐。从修昔底德自己的记录中,我们未曾看到他被正式判刑。但他承认,自己确实在流放中度过了二十年。面对克里昂对此事的处理,修昔底德保持沉默,似乎印证了这位将军在自我谴责。如果确实感到对他的指控和判决有失公允,按照修昔底德的个性,面对不公正的指责,他绝不会保持沉默。修昔底德没有为自己辩解,而是选择让事实来说话。事实就是,雅典任命修昔底德为将军,驻守在马其顿和色雷斯,维护雅典的利益。按照职责,他本应该出现在安菲波利斯,或者至少应该出现在离安菲波利斯南部只有三英里的埃昂。但是,当时由他带领的海军中队却出现在萨索斯岛附近。布拉西达斯因为没有战船,所以未能进攻这座岛屿。修昔底德之所以会在萨索斯岛附近巡航,其实是因为个人利益,他名下的色雷斯金矿就在那个地方。修昔底德听说雅典失去了安菲波利斯,就立刻行动,想避免进一步失去埃昂,但这并没有减轻他的过错。没有人比他更清楚,一名将领只需要保持常规的谨慎,就能守住要塞,

对修昔底德的惩罚

而他却没有做到。这个过错绝不会因为他成功保住了另一个地方就得到赦免。如果不是由于他之前的疏忽，也不会将要塞置于险境。在这件事中，如果克里昂确与流放的事有关，那么可以说他是完全正确的。雅典之所以会失去安菲波利斯，归根结底就是因为修昔底德和他同僚的粗心大意。修昔底德擅离职守，究其根源是因为他把一己私利看得比国家利益还重。

斯巴达和雅典休战一年 公元前423年

雅典的未来日益暗淡，但布拉西达斯的传说事迹却不止这些。在这一年结束前，雅典还将失去托罗尼（Torônê）。这个村庄位于哈尔基季基的锡索尼亚半岛（Sithonian Peninsula）的最南端，坐落在一个陡峭的山坡上。布拉西达斯告诉这里的居民，长久以来，他们丧失了自由，而现在，无论他们是否愿意接受，他要重新带给他们自由。哪怕是反对他的人，也能和热情支持他的人一起分享这件幸事。布拉西达斯正是用这个保证赢得了托罗尼。但是到了第二年，他的同胞阻止了这个计划。他们担心，相比于失败，他的成功会给他们带来更大的灾难。如果布拉西达斯失败了，正迫切地等待救援的斯帕克特里亚的重装步兵要么将被全部处死，要么将处于无尽的囚禁中。如果他成功了，他们能得到的其实和不需冒险就能获得的差不多。因此，斯巴达人渴望尽其所能地实现持久的和平，他们同意休战一年，前提是双方都保留目前的领地。

司奇欧涅叛乱

如果雅典人希望通过休战来束缚布拉西达斯的手脚，那么他们很快就会发现自己大错特错了。在司奇欧涅（Skione）的斯巴达派系设法强迫那些不愿造反的人向布拉西达斯发出邀请，他急切地接受了。布拉西达斯的行动已经慢慢具有一种浪漫属性，他告诉司奇欧涅人，如果他们有勇气大胆反抗雅典，

第四章 伯罗奔尼撒战争
从被困于斯帕克特里亚的斯巴达人投降到米洛斯岛大屠杀

将会得到斯巴达人的特别信任和尊重,司奇欧涅人完全被这种热情感染了。在公众集会上,他们给布拉西达斯这位希腊拯救者戴上了金色的头冠;在私下里,他被称为是到达希腊人道主义精神顶点的健将。在欢呼声中,斯巴达和雅典的官员们一起宣布休战协议。在计算时间之后,雅典官员拒绝将司奇欧涅的叛乱纳入和约范围内,而布拉西达斯则明目张胆地将其叛变日期提前。斯巴达人相信了布拉西达斯的谎言;在雅典,这个谎言引起了民愤,为克里昂通过法令创造了条件。这项法令于两年后施行,司奇欧涅人受到了与当时米蒂利尼人同样的惩罚。

原本布拉西达斯忙着拉拢雅典的同盟们,但根据他与佩尔狄卡斯的和约,他需要进行远征,去对抗林克斯提亚人(Lynkestian)的首领阿拉巴乌斯(Arrhibaios)。佩尔狄卡斯原本雇佣了一支伊利里亚军队来对抗林克斯提亚人,但这支军队已经叛变,投靠了他的敌人。听到这个消息,佩尔狄卡斯感到十分沮丧,决定全速撤退,只让布拉西达斯自己应付。像之前一样,这次斯巴达人凭借着纪律和勇敢战胜了困难。但伯罗奔尼撒人对马其顿人留下的牲畜和马队进行报复,这使佩尔狄卡斯非常不满,他决心再次与雅典人结盟,即使他曾不止一次背叛雅典人。在他缺席的日子里,雅典人激励自己采取了更有力的行动;门德也效仿托罗尼的做法,于是尼西亚斯带领四十艘战船到达门德(Mendê)。他的到来给亲雅典派带来了力量,当斯巴达指挥官命令门德人向敌人发起进攻时,他遭到了民众的非暴力抵抗。有一位公民喊道他无意反抗雅典,因为他认为战争只是富人的奢侈品。后来的某天,这位公民很不幸地被斯巴达指挥官下令逮捕。这样的屈辱愈发刺激平民,令他

雅典人收复门德

们想要拿起武器进行反抗。雅典人得到准许进入城内，他们让门德人自己审判那些涉嫌谋反的民众。

佩尔狄卡斯与雅典人的结盟

对于雅典人来说，佩尔狄卡斯叛逃斯巴达来得正是时候。他说谎成性，尼西亚斯自然很清楚应该如何处理他的问题。尼西亚斯告诉佩尔狄卡斯，如果想与雅典建立友谊，就必须证明他所说的一切都是真实的。佩尔狄卡斯很高兴可以替雅典人宣泄对布拉西达斯的怨恨。布拉西达斯翘首以待的援军正从伯罗奔尼撒半岛赶来，而佩尔狄卡斯给色萨利首领的一则消息阻断了援军的前进。

克里昂远征马其顿 公元前422年

为期一年的休战已经结束，但双方仍然渴望继续维持和平。斯巴达人对布拉西达斯的计划无动于衷，所以在皮提亚竞技会结束前，他们没有采取任何行动。然而，活动刚刚结束，克里昂就率领一支舰队赶在布拉西达斯之前越过色萨利的边界。不过，如果是伯里克利，他肯定早在两年前就会将这支舰队派往色雷斯。以下事实也值得我们注意，布拉西达斯曾经在雅典公民大会上坦诚自己在军事领导方面才能平庸，取得皮洛斯大捷只是因为他还算机智，跟随了一位真正的天才领袖。而三年后的今天，在没有狄摩西尼的帮助下，他却被派去执行一项更为危险的任务。为什么没有狄摩西尼的陪伴，我们不得而知。或许狄摩西尼依旧守在诺帕克托斯。在这种情况下，雅典的命运已然明了。如果伯里克利还在世，他肯定会坚持要求雅典不遗余力地收复安菲波利斯。但是，尼西亚斯及其追随者向原本严谨有力的政策泼了一盆冷水，他们坚持认为布拉西达斯的计划很容易阻止，不是依靠与斯巴达交战，而是依靠与其求和。但克里昂不可能不清楚，布拉西达斯对目前的休战状态都熟视无睹，又怎么能认为他会遵守一份意欲维持永久和平的和约呢。事实上，克里昂自从攻下皮洛斯以后就一直没有继续征战，这也从侧面说明他自己并没有主动请缨。而现在他被派往色雷斯担任指挥官，这就说明尼西亚斯一派又开始上演他们的老把戏了。曾经在布拉西达斯前往皮洛斯之前，尼西亚斯一派曾公开宣布一项政策。从这项政策可以看出，他们把布拉西达斯的垮台看得比雅典的战事还重要。修昔底德的记录也可以证明，他们现在的所作所为也是出于同样可鄙的动机。因此，我们大可以说，克里昂之所以前往色雷斯仅仅是因为尼西亚斯不愿意去。在这场斗争中，尼西亚斯的举动预示着，自私自利的寡头们所犯下的罪行和所带来的痛苦很快会为雅典带来致命的苦果。

等到夏至结束很久后，克里昂才离开比雷埃夫斯，随后他成功地从布拉西达斯手中夺回托罗尼。托罗尼沦陷后，城中的男人要么被杀要么被俘，妇女儿童则被贩卖为奴。但是，克里昂远征的真正目的是收复安菲波利斯，如果没有佩尔狄卡斯的增援，他根本不敢进攻这座城市。当克里昂在埃昂等待援军时，布拉西达斯已经在安菲波利斯对面、河流西岸的科迪里昂（Kerdylion）山上占领了根据地。他知道雅典人并不信任克里昂的能力，对他的不作为也颇为不满。因此，布拉西达斯在耐心地等待一个时机，等待不满情绪的滋长，等待这支纪律松散的军队陷入混乱，再杀他们个措手不及。一个又一个的失误接踵而来，但这些耻辱失误的根源并不在克里昂，而在于派他去做这件事的人。因为他自己本不愿做这件事，如果可以的话，他甚至想交给别人去做。雅典人逐渐变得不耐烦起来，逼着克里昂走向了通往皮洛斯大捷的道路。他们经由这条路爬到山顶，

安菲波利斯之战，布拉西达斯与克里昂之死

目的只是为了再次下山。修昔底德满是鄙夷地补充道，克里昂竟然把这样的花招当作是一件值得炫耀的事情。

有一条山脊向东延伸，海拔逐渐升高，最终与潘盖翁山脉（Pangaian range）相连，安菲波利斯的城墙正好横跨过这条山脊。克里昂登上了山脊，但他的军队刚行动，布拉西达斯就从斯特里蒙河的桥上进入安菲波利斯。布拉西达斯想要制造一种散漫迟缓、行动不力的假象来欺骗克里昂，但任何一个有警惕心的将军都会对这种假象产生强烈的怀疑。到达桥顶后，城市与河流的全貌映入克里昂的眼帘，他被这种场面震撼。放眼四周，他没有看到任何人在移动，没有看到任何人出现在城墙上，也没有看到任何准备战斗的迹象。而布拉西达斯此时并没有急着对敌人发起进攻，而是在准备祭祀。克里昂的侦察兵发现布拉西达斯的祭祀仪式，报告给克里昂说，他们听到城门处敌军人头攒动，准备出城作战。在确认无疑之后，克里昂决定撤退到埃昂。事实上，克里昂从未试图隐藏自己在军事上的无能，在无人指导作战的情况下，这样的局面是必然的结果。克里昂带领军队左转向南行军，把没有防御的军队右翼暴露给敌人。"这些人绝对抵挡不住我们的进攻。"布拉西达斯说，"看看他们颤抖的长矛和低垂的头颅，要上战场的人怎么可能是这副模样。只要城门一打开，就马上冲出去拿下他们。"布拉西达斯突如其来的攻击打乱了雅典人的阵仗，但是雅典军队左翼对布拉西达斯穷追不舍，最后他受到致命一击，倒在了战场上。雅典军队右翼的抵抗更为激烈，但是克里昂根本没打算作战，很快决定逃离战场。不过，逃跑说起来容易做起来难，克里昂抛弃了他的士兵后被一名轻盾兵杀死，这是修昔底德的描述。

第四章　伯罗奔尼撒战争
从被困于斯帕克特里亚的斯巴达人投降到米洛斯岛大屠杀

不过他的叙述带有强烈的偏见，这让我们怀疑克里昂的结局并不像他所描述的那么不光彩。布拉西达斯活着时看到了斯巴达打败雅典。在安菲波利斯市中心举行的公开葬礼为他的生命画上了句号。此后每年，人们都把他当作英雄来供奉祭拜。哈格侬修建的建筑被推倒，布拉西达斯被尊为安菲波利斯的创始人。

至此，阻碍雅典和斯巴达走向和平的两个大障碍被清除。此时雅典所期盼的和平是以克里昂不愿做出的牺牲为代价换来的，尼西亚斯与其支持者采取的行动路线也是伯里克利支持的，但是修昔底德并没有表明这些事实。他也没有责问，如果采取伯里克利反对的行动是否应该算作叛国。可喜的是，修昔底德的诚实秉性决不允许他向我们隐瞒任何事实。于是，我们得以了解，当克里昂斥责第一批斯巴达使者是两面派时，他不仅是在自取其辱，也是在冒险将雅典置于险境之中。休战状态被打破，他坚持不惜一切代价将被困在斯帕克特里亚的重装步兵带回雅典作战俘，在当时，他的这种做法是完全正确的。但是，后来他的做法错了。这些战俘到达雅典后，他提出极其严苛的条件，阻碍了双方达成和平协议。最后，他要求雅典军队必须在色雷斯迎战并抓住布拉西达斯，其实自始至终他的这种做法都是正当且合理的。被留下来独自执行计划是他的不幸，而不是过错。他在雅典得到的支持微乎其微，被派往色雷斯时也没有任何有才之士陪伴，这并非是给他自己增添耻辱，而是在给他的对手增添耻辱。

克里昂政策的优点

双方再度认真开启和平谈判，但进程并不顺利。因为尼西亚斯（这次和平被人们称为尼西亚斯和平）要求交战双方同意放弃在战争中取得的利益。于是，雅典人认为他们应该重新获

尼西亚斯的和平
公元前 421 年

得普拉提亚。但是，斯巴达人以自愿投降的借口拒绝了雅典人的提议。然而，他们清楚地记得，如果底比斯人有权占有普拉提亚的话，那么他们也有权保留尼塞亚，因此他们拒绝放弃。根据快五十年的和平条约的条款，斯巴达将交出安菲波利斯，哈尔基季基所有的城市原本受到布拉西达斯的保护，现在雅典必须允许这些城市保持独立，不过前提是它们向雅典上缴阿里斯提德所规定的贡物。斯巴达及其盟友会将所抓获的雅典俘虏尽数归还，而雅典必须同样交出属于斯巴达或其同盟城邦的所有俘虏。此外，雅典还需要交出皮洛斯和基西拉岛。但是，我们可以发现，尽管斯巴达人可以以其盟友的名义做出承诺，但他们无法保证这些承诺能得到履行。维奥蒂亚人被迫放弃他们前一年夺取的要塞帕纳克顿（Panakton），还有麦加拉人（没有收回尼塞亚）和科林斯人，他们都不愿与和约有任何关系。更重要的是，哈尔基季基人不愿放弃安菲波利斯，而斯巴达将军克拉里达斯（Klearidas）也表示无法强迫他们放弃。

<small>斯巴达未能成功执行和平条款</small>

斯巴达人在盟友面前名誉扫地。不过，让他们感到更焦虑的是另一件事情，和阿尔戈斯为期三十年的休战即将结束。现在的重点是如何防止雅典与阿尔戈斯结盟，因为一旦二者结盟，就有可能恢复阿尔戈斯在伯罗奔尼撒的古老霸权地位。斯巴达与雅典匆匆达成一份特殊协议。这份协议承诺，雅典和斯巴达可以抵御各自的侵略者，保卫各自的领土，协议还要求斯巴达平息所有希洛人的起义——换句话说，就是要在皮洛斯有效地约束麦西尼亚人。事实上，雅典和阿尔戈斯结盟并没有太大意义。但是，即使如此，出于对阿尔戈斯的担心，斯巴达还是做出了巨大让步。尼西亚斯和他的支持者不遗余力地宣传这份协

第四章 伯罗奔尼撒战争
从被困于斯帕克特里亚的斯巴达人投降到米洛斯岛大屠杀

议的价值，还劝说雅典人交出他们在斯帕克特里亚抓获的斯巴达重装步兵。

这便是雅典从寡头人士支持拉科尼亚的政策中得到的初步收获。现在，统治雅典的实际上是那些生来高贵的人，这些人以自己的高贵血统为荣。掌权之后，他们接二连三地破坏了雅典原本的优势，带给雅典的是一连串战争恶果。没有什么可以为雅典人的软弱开脱，正是因为软弱，他们放弃了检验斯巴达人诚意的一切机会。原本，如果雅典继续扣留皮洛斯的俘虏，并要求斯巴达与自己联合派兵攻打安菲波利斯，就可以立即迫使斯巴达人露出真面目，或者，这种做法更有可能为雅典争取到想要的一切。但事实是，双方都没有遵守和平条约。自此之后，一直到双方再次公开重启战争之前的这段时间，至多能算作一段休战期。因此，修昔底德说得没错，从底比斯人突袭普拉提亚到雅典投降，整整二十七年，雅典和斯巴达都在进行一场持续的斗争。

斯巴达的盟友被激怒后，自然转身投靠阿尔戈斯。他们的言语中满是恭维奉承，阿尔戈斯人很长一段时间都不习惯。阿尔戈斯邀请所有独立的伯罗奔尼撒城邦加入联盟，首先是曼提尼亚（Mantineia），随后是厄利斯人（Eleian），最后是科林斯人。原本科林斯人热情洋溢，但后来听说泰耶阿（Tegea）拒绝他们加入，他们的热情立即减弱。现在，希腊主要城邦的政治都呈现出复杂的形势，这是因为大量自治城邦只为自己谋求福利，进而出现了利益冲突。这一时期产生了很多复杂的阴谋，其中，我们可以注意下斯巴达人和维奥蒂亚人私下达成的协议，如果没有这一协议，维奥蒂亚人就会拒绝交出帕纳克顿。

被困斯帕克特里亚的斯巴达重装步兵投降

新的阿尔戈斯联盟建立

公元前420年

如果不夺回皮洛斯，斯巴达人不会善罢甘休。雅典方面也坚持，一切的前提是夺回帕纳克顿。斯巴达人曾经承诺，在雅典不知情、不同意的情况下，不会与维奥蒂亚订立合约，而如今，斯巴达似乎在蓄意背叛与雅典的这个承诺。斯巴达依靠这一伎俩让战争的第十一年就这样落下帷幕。维奥蒂亚人下定决心，绝不会让任何雅典兵力占领维奥蒂亚，他们花了整个冬天将要塞夷为平地。虽然这一行为给斯巴达人造成了困难，让他们感到恼火，不过他们还是有把握派出使者让雅典人交出皮洛斯，交出一个地方就等于交出了建在这个地方上的堡垒。但雅典人没有耐心再继续折腾下去了，他们在接待斯巴达使者时表现出了明显的愤怒，然后将这些使者打发走了。

阿尔西比亚德斯的政治生涯开始

阿尔西比亚德斯（Alkibiades）的出现进一步激化了雅典人的愤怒情绪。他的父亲是克雷尼亚斯（Kleinias），祖父是曾经顽强反抗佩西斯特拉托斯（Peisistratidai）的老阿尔西比亚德斯。阿尔西比亚德斯除了拥有万贯家财，还头脑机敏、彬彬有礼，并且富于创造力。当他向别人提出请求时，其一言一行都散发着独特的魅力。虽然他喜爱华美之物，陶醉于高雅的雅典奢侈品，但在战争中，他从来不畏艰难，不惧危险。有人将他与地米斯托克利相提并论，但这种对比根本不公平。地米斯托克利从未对外宣扬自己的正直，却自始至终都在坚定不移地为雅典谋求利益。他推行的统一政策奠定了雅典帝国的根基，让它的伟大得以延续。阿尔西比亚德斯并没有推行任何政策。虽然他从心底里反感民主国家，但是他却在准备摧毁寡头政治，就像根除自由政体那样。作为旧希腊专制道路的复辟者，他让希腊各个党派都深感畏惧。为了让民众接受他的计划，他还利用自己的聪明才智说谎作假。阿尔西比亚德斯自私成性，不择手段，在恶棍克里提亚斯（Kritias）的陪同下，他想方设法地与苏格拉底（Sokrates）进行交流。但是，与苏格拉底这样的伟人交流只会让他变得更加危险。如果我们相信关于他的故事，就会发现，贯穿他整个青年时代的只有纨绔子弟的荒淫浪荡和流氓恶棍的野蛮粗鲁，不过这一切都被表面的优雅教养掩盖住了。一般来说，像他这样的人总是声名狼藉。但是，阿尔西比亚德斯却能将自己的品性发挥得淋漓尽致，坦坦荡荡地作恶犯罪。

对阿尔西比亚德斯这样的人来说，轻视他，对他来说就是最致命的冒犯。而他明显受到了斯巴达人的轻视。他对俘虏的礼遇并没有得到公众的认可，而且似乎连这些被赎回的俘虏也忘记了他的好处。因此，他发现真正能够帮助雅典恢复优势的手段就是与阿尔戈斯结盟。按照他的建议，来自阿尔戈斯、曼提尼亚和厄利斯的使者一同出现在雅典。同时来到雅典的还有斯巴达使团。这些使者想在元老院面前宣称他们有充分的权力能够立即解决所有分歧。这让阿尔西比亚德斯对他的新计划感到担忧，因为在元老院面前发表这样的声明，会危及他与阿尔戈斯结盟。因此，绝不能允许他们这样做。阿尔西比亚德斯警告他们，如果发表这样的声明，他们很可能会面对各种既强硬又麻烦的要求。如果他们只是作为使者传达雅典人的意愿，不会推进其他工作的话，他还可以保证帮他们夺回皮洛斯，以及在人民面前为他们辩护。斯巴达人落入了圈套。他们在阿尔西比亚德斯的提示下做出回答，激起了听众的强烈不满，他们几乎不敢相信自己的耳朵。阿尔西比亚德斯的反应比其他人更激

阿尔西比亚德斯欺骗斯巴达使者

烈,他猛烈抨击斯巴达人的含糊其辞和谎言,并提议立即允许阿尔戈斯使节觐见。这时,一场地震突然发生,会议只好暂停。

雅典、阿尔戈斯、厄利斯和曼提尼亚组建防御联盟

在第二天的会议上,尼西亚斯坚持认为,他们不能草率地抛弃一些重要的利益,如果与斯巴达结盟确实符合雅典的利益,他们有责任派人去弄清楚斯巴达的真正意图。尼西亚斯亲自去斯巴达,不过只得到斯巴达准备与雅典重续盟约的声明。在要求斯巴达免除多余且无用的送别仪式后,他回到了雅典。尼西亚斯发现雅典准备与阿尔戈斯、曼提尼亚和厄利斯建立一个防御性联盟,这个联盟会明确地承认了这些城邦的帝国属性。于是,在斯巴达的盟友或者说曾臣服于斯巴达的城邦中出现了一种新的关系,这种关系是斯巴达人一贯不能容忍,也不愿承认的。

阿尔西比亚德斯干涉伯罗奔尼撒领地
公元前419年

阿尔西比亚德斯带领雅典积极地实施一些计划,这些计划完全颠覆了伯里克利的政策。只有征服新的领土才能让他满意,于是,为了在伯罗奔尼撒获得新的霸权,阿尔西比亚德斯暂时搁置了在哈尔基季基重建雅典帝国这一首要任务。在他为此实施的所有计划中,可以说其中任何一项都未曾给雅典带来任何好处,不过这些计划似乎加剧和激化了斯巴达主要城邦之间的矛盾。他的第一项计划是修建长墙,把亚该亚的帕特雷纳入雅典舰队的保护范围内。第二项计划是在亚该亚的里翁(Rhion)修建一座堡垒,并将之打造成第二个皮洛斯。这两项计划都被科林斯人和西科尼亚人(Sikyonian)挫败,不过阿尔西比亚德斯立刻发现,占领埃皮达鲁斯对雅典非常有利,于是他煽动阿尔戈斯人入侵这座城邦。雅典这种名义上尊重和平,实则挑动战争的做法激怒了斯巴达人,他们在冬天偷偷把一支军队送进埃皮达鲁斯。阿尔戈斯人在雅典

抱怨道，他们签署的条约规定双方都不得允许敌军越过其领土，但是现在却被违反了。斯巴达人通过海路运送士兵，但是这条海路是雅典的领地。雅典人对阿尔戈斯人说的漂亮话感到很满意，欣然采纳了他们的建议。为了惩罚斯巴达人，他们把麦西尼亚人和希洛人带回皮洛斯，并在雅典的和平柱上刻上碑文说明采取这一行动的原因。

斯巴达人明白，如果要防止他们的联盟分崩离析，就需要做出积极的努力。于是，他们决定立刻惩罚阿尔戈斯人。科林斯军队和斯巴达军队从前后两个地方同时入侵，阿尔戈斯人腹背受敌。如果反抗注定带来毁灭，他们也毫不畏惧。在绝望中，他们唯一看到的就是复仇的机会。后来两位将军意识到了他们的处境，向斯巴达国王争取到为期四个月的休战期，这让阿尔戈斯人异常愤慨。阿尔戈斯人并没有为自己的错误付出代价，反而被允许去听阿尔西比亚德斯的演讲。阿尔西比亚德斯不顾刚签订的条约，怂恿阿尔戈斯人进攻阿卡迪亚（Arkadian）的奥尔霍迈诺斯（Orchomenos），不过，由阿尔戈斯人、厄利斯人、曼提尼亚人和雅典人组成的联合军队很快降服了这座城市。厄利斯人想要进攻列普勒昂（Lepreon），曼提尼亚人急不可耐要攻下比他们强大的泰耶阿，在泰耶阿只有少数人想摆脱与斯巴达的联盟。曼提尼亚人不肯让步，而厄利斯人则打道回府。可见，让几个自治城邦采取共同行动无疑是一件难事。

斯巴达和科林斯入侵阿尔戈斯
公元前418年

这些事情引起了斯巴达人对国王阿吉斯的强烈愤慨，他险些被判十万德拉克马的罚款，他的房屋也差点被夷为平地。在执行处罚之前，他请求众人给他一个弥补过错的机会。于是，他火速前往援助泰耶阿人，恐怕任何斯巴达领导者都没有他动

曼提尼亚战役

作那么快。之前泰耶阿传来消息,如果斯巴达联盟不想失去泰耶阿,唯一的办法就是迅速前往支援。阿吉斯发现阿尔戈斯人正驻守在一片陡峭的高地上,便不假思索地打算攻击他们。这时,一位老兵在他耳边说起一句古老的谚语"以恶制恶"。阿吉斯的撤退再次引起阿尔戈斯人的愤怒,他们认为将领让到手的猎物又溜走了。但是,后者是因为从之前刚刚逃离的险境中吸取了教训,带领军队来到平原。第二天,在这片土地上发生了一场战斗,修昔底德对这场战斗的描述非常细致而准确,说明他是这场战斗的亲历者之一。阿尔戈斯的千人兵团在军队右侧辅助,帮助曼提尼亚人取得了部分胜利。与此同时,雅典人和他们的骑兵在军队左侧,但左侧的几支同盟军队都遭遇了惨败。之前,斯巴达重装步兵在斯帕克特里亚无奈投降,不过如今斯巴达的战果已经消除了这件事给人们留下的印象。人们立刻意识到,尽管斯巴达曾遭遇不幸,但它的伟大勇气和严明纪律依旧如初。

斯巴达人在阿尔戈斯建立寡头统治

　　这场战斗在阿尔戈斯还产生了更深远的影响。阿尔戈斯千人兵团取得真正意义上的胜利,而平民则屈辱地失败了。千人兵团所代表的是寡头统治,他们决心与斯巴达结盟。在千人兵团的同意下,斯巴达向阿尔戈斯送去消息,表示如果不签署条约,那么就将进行交战。斯巴达早就拟好条约,要求阿尔戈斯归还他们手中的斯巴达人质,并撤离埃皮达鲁斯。斯巴达还送去另一份条约,条约表明,阿尔戈斯和斯巴达所有的盟友都享有自治权。究竟要战争还是要和平,这个问题将由斯巴达和阿尔戈斯共同投票决定,这份条约将对双方的盟友都产生约束力。名义上,这份条约允许阿尔戈斯保留其帝国城邦的属性,但实际上它重新建立了斯巴达的霸权地位。曼提尼亚人眼看自己无法再对盟友行使霸权，便再次加入斯巴达联盟。这一年结束时，阿尔戈斯的民主体制被彻底推翻，阿尔戈斯史上最为严苛的寡头集团在西锡安（Sicyon）诞生。

然而，这样的寡头集团缺乏牢固可靠的基础。阿尔戈斯千人兵团傲慢无礼，让人民忍无可忍。后来，阿尔戈斯又恢复了民主政体，重新与雅典结盟。人们打算修一堵长墙将城市与大海连接起来。如果这一设想能够实现，雅典就可以从海上运来阿尔戈斯的所需之物，让阿尔戈斯能够抵抗任何陆地军队的进攻。然而，阿尔戈斯的寡头集团并没有被完全根除。阿尔戈斯曾经承诺帮助阿吉斯，却没有兑现诺言。眼看着没有可能进入阿尔戈斯，阿吉斯动手将长墙夷为平地。

阿尔戈斯恢复民主政体
公元前417年

紧接着，冬天来了，雅典人似乎恢复了活力。尼西亚斯和他的支持者意识到，如果想要收复安菲波利斯，就必须采取武力行动。他们强烈要求进行远征，但需要佩尔狄卡斯的协助。然而，用阿里斯托芬这位喜剧诗人的话来说，这位将军为雅典带来的礼物不过是"满船的谎言"。当然，佩尔狄卡斯没有遵守承诺，尼西亚斯的计划就此破产。一支本可以收复安菲波利斯的军队却在第二年被派往米洛斯去摧毁一个微不足道的小城市。

雅典人收复安菲波利斯失败

米洛斯是斯巴达的殖民地，从来没有被纳入雅典同盟。如果要使用武力将这座城市纳入联盟，也应该是在阿里斯提德时代，而不是现在，因为雅典与斯巴达长期交战已经大大改变了事情的复杂性。但是，战争进行到第十六年时，尼西亚斯出现在城门外，看到米洛斯人拒绝与雅典结盟，便封锁了这座城市。

米洛斯大屠杀
公元前416年

时间一分一秒地过去，斯巴达并没有前来提供任何帮助。米洛斯人发现了斯巴达已经将这座城市出卖给雅典人的阴谋，决定无条件投降。然而，他们这样做换来了什么呢？所有成年男子都被杀害，所有妇女儿童都被贩卖为奴。

不过，米洛斯人的情况与米蒂利尼人有所不同，米蒂利尼人只是被威胁会受到同样的惩罚；与司奇欧涅人也不一样，司奇欧涅人是的确受到了惩罚。其实米洛斯人并没有对不起雅典人，但他们还是受到指控，称他们分享了雅典联盟与雅典帝国带来的好处，却没有分担（如果是事实的话）维护联盟应尽的责任。但是，雅典人在围攻米洛斯前举行了一次会议，从修昔底德详尽的记录中可以看出，雅典人为此次围攻所找的理由截然不同。雅典人总是能够美化丑陋的事物，他们也以此闻名。甚至是一般的希腊人，哪怕他们有什么过分的不义之举，就算不能冠之以正义与公平之名，他们还是会试图为其蒙上一层体面的面纱。翻遍雅典历史，我们很难找到任何记录雅典人这样秉性的文字：以肆无忌惮的施暴为荣，以侮辱蔑视人道为乐。但在围城和屠城的会议上，我们看到的正是这样的秉性。根据修昔底德的描述，雅典人的一言一行都显示出他们蔑视一切礼仪，他们主张独立不过是为了凌驾于法律之上，甚至还大言不惭地说，对弱者的不公并不会对强者造成任何伤害。简言之，雅典人在这次会议上所传达出来的精神与雅典早期以及之后的历史形成了鲜明对比。米洛斯大屠杀其实是一项政治罪行，比雅典人所犯下的其他一切罪行都要严重、残暴，除了收获痛苦的仇恨，并没有给雅典人带来任何好处。这项可怕的、魔鬼般的罪行只比致命的西西里远征早了几个月。如果我们能够记得这几点事实，就会毫不怀疑地相信，修昔底德对这次会议的描述并非是在记录事实，而是在描绘一幅道德画卷，就像希罗多德曾经描绘过波斯暴君的傲慢不逊一样。从这时起，雅典的精力开始转移到一些不切实际的事情上，哪怕是获得绝对成功也很难与投入和付出相抵消。此后，贯彻在雅典事务中的是一种赌徒精神，即为了弥补过去的损失而不断加注筹码。屠城前那场所谓的会议让这种对比更加鲜明。虽然修昔底德没有提及阿尔西比亚德斯与这项罪行有关，但正是因为他的鼓吹，雅典人才在会议上说出那些话。据普鲁塔克（Plutarch）称，阿尔西比亚德斯曾强烈支持米洛斯屠杀。这种做法也合理地预示了他后来的叛国行为。

第五章
伯罗奔尼撒战争
西西里远征

第五章 伯罗奔尼撒战争
西西里远征

雅典帝国的地位依赖于其在爱琴海的霸权，如果不能彻底控制爱琴海北岸的希腊城市，雅典就无法维持霸主地位。因此，任何头脑清晰的雅典人都明白，为了控制该地区起义的城市数量，付出任何努力都是值得的。这就是伯里克利在其整个政治生涯中所宣扬的经验教训，他把远征称作是愚蠢的行为，他这样警告只是简单地表达了他的理念，即如果在收复安菲波利斯这样的地方时有所懈怠，将会酿成极其恶劣的罪恶或错误。长期以来，一直有迹象表明，对于雅典某一特定阶级的政客来说，远征西西里是一件具有特殊诱惑力的事情。

雅典人初次入侵西西里

在十二年前，赫赫有名的修辞学家高尔吉斯（Gorgias）带领使团从莱昂蒂尼（Leontinoi）出发，前往雅典请求援助抵抗锡拉库萨人（Syracusan）。当时，与锡拉库萨交战的除了莱昂蒂尼，还有纳克索斯岛（Naxos）和卡塔尼亚（Katanê）。高尔吉斯的主要论点是：如果西西里的多利安人能够征服与他们同族的爱奥尼亚人，斯巴达人就能从西西里获得科林斯人一直期盼的援助。

莱昂蒂尼使者发现想让雅典承诺进行援助并没有太大困难。但是，当年秋天，雅典派出援助莱昂蒂尼的将领并没有取得成功。第二年夏天，麦西尼与雅典结盟，臣服于雅典，为了保证其对雅典的忠诚，雅典还从麦西尼带走了人质。即使如此，一年后，雅典将军们还是发现这个地方又落入锡拉库萨人手中。

公元前426年

他们在路上被耽搁了，部分原因是狄摩西尼占领了皮洛斯，还有部分原因是一系列可怕的暴乱让克基拉变成一片废墟。克基拉的情形十分可怕，驻扎在攸里梅敦河的雅典将领的行为非常恶劣，但是克基拉寡头与平民斗争的这段绝望的历史与雅典

公元前425年

帝国并没有直接联系。这段历史对西西里舆论造成的影响也比不上狄摩西尼在斯帕克特里亚的成功。雅典人酝酿并实施的整个计划让斯巴达几乎束手无策，这让西西里的希腊人意识到，他们持续的斗争与战争很可能让整座岛落入另外一个民族之手，并任其摆布。这个民族至今所展现出来的强大抵抗力和丰富的资源已经远远超出战争刚开始时敌人的预期。卡玛里那（Kamarina）和杰拉（Gela）的居民首先感受到了恐惧，而其中实力较弱的城市最先表现出这种恐惧。在雅典和斯巴达的漫长斗争开始时，西塞利奥特的多利安人就抓住了先机，去进攻他们的邻居爱奥尼亚人。

杰拉会议
公元前 424 年

在杰拉举行的一次会议上，锡拉库萨将军赫莫克拉提斯（Hermokrates）忘记了这一事实，他反复强调，如今一个会危及西塞利奥特所有希腊人的危险就在眼前，是时候坐下来解决过往的恩恩怨怨了。他所期望的和平实现了。但是，这种和平十分短暂，比他们对雅典勃勃野心的恐惧消失得还快。这种恐惧很快就被维奥蒂亚战役以及代立昂所遭受的灾难给驱散了。与此同时，人们再度怀疑，杰拉，也就是赫莫克拉提斯向西塞利奥特的爱奥尼亚人所描绘的城市，或许面临着一个比雅典还要危险的敌人。

塞利努斯与塞杰斯塔的斗争

埃利默（Elymoi）的两座城市塞利努斯（Selinous）和塞杰斯塔（Egesta）在西西里展开了斗争。与雅典为莱昂蒂尼提供的援助相比，这场斗争注定会产生更为严重的后果。莱昂蒂尼向雅典请求援助时，阿尔西比亚德斯打算通过建立新的阿尔戈斯联盟来确保雅典的霸主地位。

远征收复安菲波利斯的计划因为佩尔狄卡斯无意疏忽或有

第五章 伯罗奔尼撒战争
西西里远征

意背叛而受挫,所以,雅典根本无暇干涉西西里。塞杰斯塔的使者出现时,只有一小部分雅典人在米洛斯大屠杀之前的围城行动中占领了这座城市。雅典人款待塞杰斯塔使者,某种程度上雅典人愿意提供帮助的原因更多的是出于同情,不过严格来说这也是一种权宜之计。塞杰斯塔人承认他们没有能力单独行动,但他们承诺,如果雅典人决定帮助他们,他们会亲自走上战场,并承担战争的一切费用。

塞杰斯塔使者前往雅典求助公元前416年

雅典人被塞杰斯塔人的话给吸引了,根本没有静下心好好思考自己是否应该干涉西西里,而是直接决定派遣使者去了解塞杰斯塔人的资源以及他们战胜塞利努斯的可能性。结果雅典人发现塞杰斯塔人所说的都是谎言,但现在才识破这个诡计已经太迟了。

雅典使者前往塞杰斯塔

尼西亚斯原本是被派往塞杰斯塔的使者之一,但他没有去。使者们回来后,激情洋溢地提到塞利努斯的丰饶财富。随行的三桨座战船上的士兵对所享受到的盛情款待也赞不绝口。但是,塞杰斯塔神庙里的宝藏不是金的,而是银的;为招待他们举办的宴会而使用的精美的装饰品不仅包括塞杰斯塔的财富,还有一些是从其他城市借来的财物。在数次盛宴中,这些财富被秘密地从一座城市转移到另一座城市。很明显,这样的把戏实际就是贿赂。而贿赂一整船的士兵付出的代价可不小。如果这些人推托,那么使者们的诚意就会受到更严重的怀疑。

公元前415年

塞杰斯塔使者拿出六十塔兰特未铸成硬币的银子,当作六十艘战船的预付船费,雅典人因此相信了塞杰斯塔人说的都是真的。雅典人通过一项法令,任命阿尔西比亚德斯、尼西亚斯、拉马科斯(Lamachos)为远征指挥官,负责维护塞杰斯塔的任务,

雅典决定派遣舰队前往西西里

并推进雅典人在西西里的利益。

尼西亚斯的反对

尼西亚斯竭尽所能要终止这项计划。但是，当人们再次召开会议讨论远征细节时，尼西亚斯的发言已经变得十分无力了。虽然他怀疑塞杰斯塔使者，但他也担心会有人质疑那些陪同使者一同前往塞杰斯塔的人是否有诚意。看看尼西亚斯的一生，虽然他有着与生俱来的地位与财富，但他似乎不那么幸运。在他所有的不幸中，最大的不幸莫过于能够使他摆脱困境的路明明就摆在眼前，但他竟然毫无察觉。此外，他生性犹豫不决、过于小心、胆小怯懦，虽然内敛和谨慎被当作最高智慧，但是他的语言还是缺乏说服力。最重要的是，他从未在头脑中清晰地勾勒出一项真正建立在国家利益基础上的政策。如果他这样做了，他就可以告诉同胞，虽然他曾经阻止过一项也许伯里克利会由衷支持的计划——狄摩西尼在皮洛斯进行的事务。但是现在，伯里克利这位伟大的政治家一定会无条件支持他，支持他谴责对西西里事务的干预行为。尼西亚斯向同胞保证，他们对于那座遥远岛屿上的野蛮居民不负有任何责任，这是他说过的最真实的话。斯巴达人只是在名义上与雅典人和睦相处，他们期待着机会快快到来，可以让他们将压抑已久的愤怒尽数释放。如果雅典决意要纠正错误，那么更应该纠正的是自己的错误。在收复安菲波利斯以及降服前往色雷斯的哈尔基季基人之前，派遣舰队和军队去援助塞杰斯塔无疑是一种疯狂的行为。他并不打算就此放弃反对，他依旧保持谨慎。他抨击那些野心勃勃的自私之徒，他们在平时的生活中追求奢华，在重大的希腊节日中不惜一切求得关注，这使他们早已入不敷出。当看到心怀不满的公民聚众集会时，他坦诚地表达了自己内心的担忧，

第五章 伯罗奔尼撒战争
西西里远征

他恳请年长者履行责任,约束民众这种愚蠢的行为。最后,他还恳求雅典执政官五十人主席团忽略这个肯定会被宽恕的不合常规的行为,并询问议会是否进行远征。

尼西亚斯发言的后半部分主要针对阿尔西比亚德斯,这引起了他强烈的愤怒。在伯罗奔尼撒半岛建立雅典帝国的想法受挫之际,阿尔西比亚德斯急切地转向另一项计划,那就是去西西里抢夺更诱人的战利品。于是,他将计就计,把其当成好心之举,为那些能够让尼西亚斯指责的行为感到高兴。他坚持认为,自己在奥林匹亚所取得的辉煌胜利已经让整个希腊世界都认识到雅典的实力与财富,但实际上人们已经不再相信这一点。他甚至还厚颜无耻地吹嘘自己征服伯罗奔尼撒岛的阴谋。他说,虽然斯巴达赢得了曼提尼亚,但是显然还没有恢复斯帕克特里亚灾难之前的傲慢和自信。他还特别说明,无论是希腊人还是蛮族人请求援助,雅典都应该有求必应,也正因为如此,雅典才获得了如今的帝国地位。但是现在,如果对积极进取行动有所懈怠,这实际上是在抛弃雅典帝国的悠久传统。西西里可以作为雅典积极进取行动的一个目的地。如果雅典拒绝占领这片土地,那么就会停滞不前,而停滞不前最终会导致死亡。真希望他的听众能够识破这段慷慨激昂的演说背后所隐藏的臆想和谎言。阿尔西比亚德斯暗示,如果雅典不同意远征西西里,最后只会被怠惰吞噬,不过尼西亚斯已经料到这一点。不幸的是,尼西亚斯在处理有关安菲波利斯的所有问题上有些轻率,使他失去了强有力的优势。阿尔西比亚德斯所宣称的雅典帝国不加区分地对每个求助者,都会施以援手,这完全是谎言。首先,这种负担是雅典被迫承受的。其次,雅典需要依靠提洛同盟才能维持统治,提洛同盟正是出于雅典的需要而产生的,并且参

阿尔西比亚德斯的回复

加这个同盟有明确的限制。雅典的职责始于保护雅典希腊人不受波斯人侵扰,忠于维护他们的安全与幸福。

尼西亚斯转换策略,要求大量兵力,导致其愿望落空

阿尔西比亚德斯得到了其他演说家的大力支持,尼西亚斯认为自己被打败了。于是,他打算采取另一种手段,想办法让那些人厌恶自己的计划。他直率地说,他认为塞杰斯塔人口中所说的财富都是假的。他坚持不要塞杰斯塔提供普通战船或士兵,而是应该做好充分准备,保证军队在战争中可以完好无损。尼西亚斯提出了一个几乎不可能失败的计划,团结了各方各派。即使是那些头脑精明的人,在他的引导下,也开始相信雅典必定能够利用自己丰富的资源。不过,尼西亚斯的目的远远没有达成。这时,一位市民突然站出来,让尼西亚斯直截了当地说出他的目的,不要再做任何铺垫。尼西亚斯这位倒霉的将军跌入了自己设计的陷阱。他仿佛不是在对自己进行宣判(尼西亚斯的勇敢从未受到质疑),而是在对他那群明明有错却充满激情的同胞进行宣判。他说自己至少需要一百艘三桨座战船,如果可以的话,不少于五千名重装步兵,还需要配上相应的轻装部队。事已至此,尼西亚斯原本努力想让人们放弃阿尔西比亚德斯的计划,但是他的努力却让阿尔西比亚德斯赢得了意料之外的胜利。不过后者的计划几乎赌上了整个国家的生死存亡。

但公平地说,我们必须记住尼西亚斯的劝阻并不完全是出于对灾难的担忧。如果他已经断定这项计划注定失败,可以肯定的是,他一定会坚决拒绝指挥这项计划,就像他当初拒绝指挥增援皮洛斯的军队一样。他之所以会谴责阿尔西比亚德斯的计划,是因为计划无论成功还是失败,都会带来一场灾祸。失败可能造成雅典一段时期的瘫痪,而成功则会让其扩张到难以管理的

第五章 伯罗奔尼撒战争
西西里远征

地步，并卷入重重困难。此外，获得成功后，雅典必然进一步实施侵略计划，而这会导致雅典帝国衰落的恶果。

目前的形势非常好，一群人热切地聚集到一起，起初，将军们还担心必须用强制手段才能让人们愿意进行这项无聊的工作。他们不惜耗费巨资，争相为士兵创造舒适的环境。当人们一早醒来，发现所有的赫耳墨斯雕像都被损毁、玷污时，他们的恐惧达到了顶峰。赫尔墨斯雕像矗立在广场上、寺庙前、公共建筑和私人住宅外。对赫尔墨斯的崇敬将让他们得到神的支持，人们以此自我安慰。他们认为，赫尔墨斯身为机敏狡猾的偷盗之神，会保护他们不受强盗侵害。这一事件产生了巨大轰动。雅典的所有地方都没能避免对神的亵渎，因此整个雅典都丧失了获得神灵庇佑的权利，当然他们也不能希望赫尔墨斯与他们产生情感上的共鸣。这件事唤起了雅典人对宗教的恐惧，在这一方面，没有人比他们更敏感。犯下亵渎罪的是一个组织团体的成员。因此可以肯定，在雅典人中间，有一个秘密组织对雅典现行的政体深恶痛绝，在冒险违反雅典的法律和礼仪之前，他们一定积极参与过各种阴谋活动。

一群神秘阴谋家破坏赫尔墨斯神像

毫无疑问，雅典帝国一定有人在酝酿一场阴谋。同样可以肯定的是，无论什么阴谋，都与阿尔西比亚德斯没有任何关系。认为一个人会实施立刻使自己陷入危险中的计划，而且他在开始远征前已经下定决心必须这样做，这是荒谬的。因此，可以得出结论，这些阴谋的目的是要毁掉阿尔西比亚德斯，让他放弃自己的计划。赫耳墨斯神像的损坏直接引发了尼西亚斯的宗教恐惧，还有可能让那些一直以来缄口不言的人开始反抗。阿尔西比亚德斯的所作所为引起了一众劲敌的反对。我们可以合

阿尔西比亚德斯的无辜

理地推测，如果他能够成功征服西西里，那么他一定能够获得巨大的优势，让专制主义重生也不是不可能。因此，对于反对阿尔西比亚德斯的人来说，最重要的是阻止他前往西西里，在这一点上他们几乎就要成功了。但奇怪的是，对他的指控与破坏赫耳墨斯神像并没有任何关系。

阿尔西比亚德斯被指控亵渎

雅典政府通过悬赏来抓捕阴谋的策划者，在赏金的驱使下，有证人站了出来。不过，此证人没有指控阿尔西比亚德斯毁坏神像，而是指控他在私人住所里进行埃勒夫西斯秘密宗教仪式[1]。对于这一指控，没有证据能够证明他是无辜的，但也没有更为可信的证据能够证明他在赫耳墨斯神像事件上确实有罪。面对这次危机，阿尔西比亚德斯表现得直接坦率，值得称赞。他坚持在出发前接受审判，与此同时，他坚称自己是无辜的，如果确实有罪，他愿意接受任何惩罚。他的反对者看到，军队中的多数人都站在他这边。另外，如果对他施以惩罚，那么雅典的盟友阿尔戈斯和曼提尼亚可能会在愤怒与厌恶中离开，毕竟他们当时是在阿尔西比亚德斯的说服下才加入远征的。因此，雅典决定将审判推迟到他从西西里回来之后再进行。

雅典舰队出发前往西西里

已至仲夏时节，远征舰队已经准备好启航。重装步兵浩浩荡荡地从雅典出发，登上前往西西里的战船。从未有任何军队离开雅典时像他们一样声势浩大。这一天的辉煌并不在于士兵的数量或三桨座战船的数量，也不在于军队的气势，而在于人们所寄予的厚望与内心隐隐的担忧。人们将这支军队从城里送到港口，在那里向他们告别。几乎所有的雅典人都来到比雷埃

---

[1] 一种古希腊的神秘宗教仪式。——译者注

第五章　伯罗奔尼撒战争
西西里远征

夫斯。雅典之外的人满眼惊异地注视着这支雄伟的队伍。远征者的家人面对即将分别的严峻现实，眼中的希望逐渐黯淡。到目前为止，他们一直自我鼓励，认为雅典完全有能力达成自己的目的。但现在，漫漫路途就在眼前，面对即将征服的岛屿，他们知之甚少，心里清楚这次离开也许是生离死别，对未来的忧虑如阴影般蒙上心头，许多人啜泣起来。小号传出命令要求大家保持安静，有人在向那既不在场也不易变的上帝和圣父祈祷，欢送的声音在祷告声中响起。不久，悠扬的颂歌回荡在水面上，三桨座战船排成一长列从港口飞驰而去。

即使是斯巴达这样将戒备和谨慎刻在骨子里的民族，制订规模如此庞大的计划时也不可能不引起传言，而这些传言最终会传到他们想要攻击的国家。而在雅典，根本没有秘密可言。当消息传到锡拉库萨时，那里的人一脸不可置信，赫莫克拉提斯提高嗓门，厉声催促人们准备好三桨座战船，在意大利海岸迎接雅典人的到来。众所周知，尼西亚斯原本就反对征服西西里，如今的局面更是让他下定决心彻底放弃这个计划。与此相反，他的政敌阿特那哥拉斯（Athenagoras）认为雅典人一向以清醒的判断力闻名，绝不会疯狂到为了在西西里开辟一个更大的战场而放弃哈尔基季基的未竟之战。因此，真正应该受到惩罚的并不是那些此生难以再见的雅典人，而是只图一己私利的演说家。他们用远方虚幻的恐怖来威慑人们的心灵，让他们看不到近在咫尺的真实危险。如果不是雅典的将军们利用权威打断阿特那哥拉斯，坚称他们对雅典的安全负有责任，而且会尽到责任，那么毫无疑问，阿特那哥拉斯的演讲必将引起一场激辩。

锡拉库萨人的怀疑

| 雅典人在靠近西西里的途中受挫 | 当锡拉库萨人对敌人的到来还有所怀疑，并且还在争论时，已经有消息说雅典人已经到达利吉姆（Rhegion）。塔兰丁人（Tarantines）与洛克里斯人（Lokrians）不愿意牵涉其中，利吉姆人坚持在了解他们的同胞意大利希腊人的意愿前都会保持中立。在远征舰队启航前出发的船只返回了，带来的消息是塞杰斯塔口中的财富都是假的，所有财富加起来不过区区三十塔兰特。这一发现使阿尔西比亚德斯陷入不安，而尼西亚斯并没有对此感到特别失望，很快他就下定决心。 |

尼亚西斯的计划　　尼西亚斯提议让人们按照他的指示行事，先在西西里的各个城邦展现雅典的实力，然后直接打道回府，除非有特别的事情发生，可以为进一步行动扫清障碍。

阿尔西比德亚斯的计划　　这样切实并且正当的计划对阿尔西比亚德斯没有任何吸引力，他坚持认为应该派遣使者前往斯克里特（Sikeliot），劝说他们脱离锡拉库萨。他们还应该向西库尔人（Sikel）派遣使者，争取与他们缔结友谊。

拉马科斯的计划　　这一切都是在为进攻锡拉库萨和塞利努斯做准备。不同的政治家看待问题的视角不同，拉马科斯认为，应该趁他们突然出现，敌人还处于震惊之中时立即采取行动，绝不能错失任何时机。

　　在尼西亚斯、阿尔西比亚德斯和拉马科斯这三人的计划中，从政治家的视角看，尼西亚斯的计划是最好的；从军人的视角来看，拉马科斯的提议既大胆又可行；但是，无论从军人的角度还是从政治家的视角看，阿尔西比亚德斯的计划都没有价值。几乎没有人能够提出比尼西亚斯还要谨慎且务实的计划，其最终的结果就是返回雅典，即使没有取得辉煌的胜利也不会遭受

第五章 伯罗奔尼撒战争
西西里远征

屈辱。拉马科斯的计划如果失败,后果会让人很难接受。而阿尔西比亚德斯的计划则毫无必要,是犹豫不决的妥协。阿尔西比亚德斯言行傲慢无礼,这也说明他并不具备真正的军事才能。不幸的是,拉马科斯认为,作为一名军人,与阿尔西比亚德斯冒险求胜要好过与尼西亚斯一起放弃胜利。于是,在拉马科斯的支持下,阿尔西比亚德斯的计划得以实施。

阿尔西比亚德斯试图与麦西尼结盟,但以失败告终。雅典人主动向卡塔尼亚示好,随后在锡拉库萨港展示了雅典的战船。除了对锡拉库萨的防御工事进行勘察以外,雅典并没有取得任何成果。回到卡塔尼亚后,雅典的将军们得到允许,可以在城内召开会议。在阿尔西比亚德斯演讲时,一些雅典人经由废弃的边门进入卡塔尼亚,出现在广场上。属于锡拉库萨一方的小部分人,看到敌人即将占领这里,仓皇离开了。他们走后,卡塔尼人与雅典人签署了一份结盟协议,邀请雅典人把滞留在利吉姆的军队带到这里。有消息称,卡玛里那也要与雅典结盟,雅典人便航行去了卡玛里那,但发现那里人决定保持中立。再次回到卡塔尼亚后,他们得知萨拉米斯的三桨座战船带来一份召见令,要求阿尔西比亚德斯立刻返回雅典接受审判。

雅典人占领卡塔尼亚

当舰队前往西西里后,雅典的宗教热情迅速高涨。很多人被监禁,有人被处死,有人被判刑。但是损坏赫尔墨斯神像时,阿尔西比亚德斯及其所率领的舰队均不在场,尚未出现能够证明他有罪的证据。他之所以被召回雅典,只是因为有人指控他在家里进行埃勒夫西斯秘密宗教仪式。尽管民众对阿尔西比亚德斯的指控达到高潮,但他的政敌还是没有获得逮捕他的命令。如果逮捕他,很可能会失去雅典的盟友阿尔戈斯和曼提尼亚,

对阿尔西比亚德斯的召回与他的逃跑

还可能在雅典军队内部激起危险的不满情绪。因此，萨拉米斯的三桨座战船上的指挥官除了向阿尔西比亚德斯传达命令，让他乘坐自己的战船返回雅典之外，没有提出其他要求。阿尔西比亚德斯一直跟随三桨座战船到达了突黎瓦（Thourioi），但当船只继续向前航行时，阿尔西比亚德斯突然消失不见，人们试图寻找他却没有结果。

雅典军队登陆锡拉库萨大港湾

阿尔西比亚德斯逃跑后，尼西亚斯和拉马科斯成为远征指挥官。但拉马科斯不愿与一位在军队中的影响力远超他的同僚作对，所以表现得犹豫不决。雅典舰队穿过麦西尼海峡，沿着麦西尼岛的北岸继续航行，却没有取得任何实质性的成功。起初，锡拉库萨人对雅典人感到敬畏，但是这种敬畏已经慢慢被蔑视取代。发现这一变化后，尼西亚斯决定直接登陆锡拉库萨。一个卡塔尼亚人告诉锡拉库萨人，如果锡拉库萨人敢攻击卡塔尼亚的防线，卡塔尼亚就会向雅典舰队开火。锡拉库萨人自以为抓住了千载难逢的机会，他们派出全城的兵力前往卡塔尼亚。但是，当他们的军队行进时，雅典舰队已经绕过奥提伽岛（Ortygia）驶入锡拉库萨大港湾，并在达斯孔湾（Daskon）附近的西岸登陆。雅典人在这里迅速建立起一个强大的阵地。第二天，锡拉库萨军队从卡塔尼亚返回，他们信心十足，与雅典在此交战。最终雅典获胜，但这场胜利对他们而言并不具有决定性意义。如果遭遇失败，那么尼西亚斯为了雅典的利益，可能会立即放弃这项事业。但现在如此微不足道的成功为他提供了一个借口，他能够相对安逸地度过这个冬天，并向雅典要求运送军队和军火。现在的形势对他来说依旧有利，和刚开始并没有太大区别。

第五章 伯罗奔尼撒战争
西西里远征

在锡拉库萨港和塔普索斯（Thapsos）之间的奥提伽岛上，坐落着锡拉库萨的内城，通过一座桥与内陆相连。锡拉库萨的外城位于北部的阿赫拉迪纳（Achradina），内城和外城都修筑了城墙。在内城与外城之间有一个小港，没有修筑城墙，这为雅典军队提供了一个登陆点。冬天来临，雅典人立刻将军队撤到城墙的范围内。城墙是锡拉库萨人匆匆修建的，占用了特门尼替斯的阿波罗的领地[1]。但是，现在一如之前，他们又将黄金时间白白浪费了。雅典舰队驶达麦西尼，就是在这里，他们第一次真切地感受到对阿尔西比亚德斯的憎恨。他的同胞将他判处死刑，但他发誓，即使他死了也要让他们感受到自己的存在。阿尔西比亚德斯死前警告说，锡拉库萨有意叛变。随后，锡拉库萨人将雅典的支持者全部处死。

那个冬天，锡拉库萨使者和雅典使者都来到卡玛里那。值得注意的是，雅典人欧斐摩斯邀请卡玛里那加入雅典同盟，他所用的理由正是尼西亚斯主张放弃这项计划时用的理由，当然这个理由并没有唤起雅典人的热情。那时，雅典人完全被征服的欲望所吞噬，梦想着无边无际地扩展雅典帝国。但欧斐摩斯坚持他们远征西西里并不是为了在那里永久定居，也不是为了把该岛纳入雅典帝国的版图，这样做的目的只有两个。第一个目的是他们很乐意达成的，而另一个则要不惜一切代价来实现。他们真诚地渴望与卡玛里那以及其他西西里的希腊城邦缔结友谊，但他们不能放弃西西里的多利安人，绝不能让他们向伯罗奔尼撒的多利安人提供帮助。事实上，雅典人并没有理由担心

雅典使者和锡拉库萨使者来到卡玛里那

---

[1] 指阿波罗的雕像被围入其中。——译者注

锡拉库萨入侵，因此，欧斐摩斯口中的一切动机并不是真正让他们出现在西西里的原因。

尼西亚斯的不作为

锡拉库萨使者和雅典使者都被打发走了。虽然拉马科斯所提议的迅速行动能够保证卡玛里那与雅典建立亲密的友谊，但卡玛里那还是选择保持中立。实际上，在这个冬天，雅典实施的是尼西亚斯的计划。这次行动展示了他作为将军的无能，正如之前的职业生涯证明了他作为政客的无能。此时，雅典已经举步维艰。因为好战，雅典选择相信最放荡、最目无法纪之人；而出于对正直品行的尊重，雅典又犯了一个致命的错误，那就是把一项重要的任务托付给一个除了可敬、体面再无其他长处之人。

阿尔西比亚德斯在斯巴达的背叛行为

与此同时，阿尔西比亚德斯这个有着恶劣影响的人正忙着在其他地方展开行动。在安全得到保障后，他来到了曾经在曼提尼亚战场上十分渴望摧毁的那座城市。阿尔西比亚德斯到达后不久，科林斯和锡拉库萨的使者也来到这里，他们想要劝说当地人再次与雅典开启战争。从锡拉库萨使者的话中，可以听出他们会坚决抵抗雅典，当地的官员对此感到很满意。但在这时，阿尔西比亚德斯冲动地闯入了谈话中，连他自己都认为需要为自己的鲁莽道歉。他厚颜无耻地说，自己拥有异于常人的节制和冷静，处理公共事务时能做到谨慎细致，对寡头政治的热爱更是毋庸置疑，他已下定决心，只要时机一到，就立刻在雅典建立寡头政治。而对于自己在策划西西里远征中的所作所为，他只字未提。但他告诉斯巴达人，那些他不敢冒险在公民大会上提出的计划早已在同胞心中生根发芽。他们在谋划着征服整个迦太基帝国（Carthaginian empire），让成群的伊比

第五章　伯罗奔尼撒战争
西西里远征

利亚人（Iberians）涌入伯罗奔尼撒半岛，占领这个地方，从而确立雅典在整个希腊的霸主地位。如果锡拉库萨沦陷，那么这些愿景一定能够实现。因此，斯巴达应该立即派遣一支军队前往锡拉库萨。当然，锡拉库萨更需要的是一位能够带领他们抵抗雅典的斯巴达将军。但现在最需要的是把雅典人困在雅典城内，削弱他们的力量。因为，在雅典边境内建立永久驻防地的代价实在难以负担，而在帕尔奈斯山（Parnes）和彭太利卡斯山（Pentelikos）之间有一块低地——德克莱亚（Dekeleia），在这里斯巴达人能够找到一个可以占领劳雷恩（Laureion）银矿的据点。对于雅典人而言，失去这座银矿要比损失几车贵金属还要严重。

雅典之所以受到如此致命的重创，是因为人民中的精英和主力都被派去远征，也就是阿尔西比亚德斯亲自策划、疯狂推进的这次远征。当我们认识到这一事实时，就不难得出如下结论：无论什么样的过错，在人类历史上都很难找到比这更卑劣的叛国罪行。但他究竟错在哪里呢？在雅典，他的生活放荡不羁。即使如此，在能够证明错误事实的证据出现之前，他还是能够击败对他的指控。他被从远征行动中召回其实与损坏赫尔墨斯神像无关，他甚至还没有回答任何关于他政治阴谋的指控。如果他在第一次被指控牵涉某个未知阴谋家的阴谋时，就选择坦然面对，并在声称自己对这些阴谋一无所知时，能够对自己的亵渎与不敬行为略表歉意，说明这些行为绝非私人玩笑，也不该被视作对雅典人民和公共神灵的冒犯，那么凭借他强大的个人魅力和说服力，这些轻微的罪行很可能得到宽恕。此外，如果他承诺在将来能够更加谨言慎行，或许就可以在不受任何

吉利波斯来到
西西里的使命
公元前414年

指控和怀疑的情况下前往西西里。但是，叛国者的说辞往往都不堪一击。阿尔西比亚德斯声称，在一个国家没有为自己提供应得的待遇之前，没有人有义务把那个国家当作是自己的国家。这番言论对他来说是致命的。没有任何地方能够容忍这样的言论，尤其像斯巴达这样让帕萨尼亚斯的国王生涯戛然而止的国家。有心之人记住了阿尔西比亚德斯的这番言论。但就目前而言，他的使命已经完成了。斯巴达已下令，立即派遣一支军队前去占领德克莱亚，并派遣吉利波斯（Gylippos）前往锡拉库萨指挥作战。就这样，阿尔西比亚德斯在伯罗奔尼撒半岛重新点燃了战火。同时，尼西亚斯派出的要求更多人力和资金的三桨座战船到达了雅典。雅典人民心中的失望之情难以言表。雅典的力量又被投入到一次更为危险的远征行动中，如果一开始他们就遭受失败，情况或许会更好。

雅典人抢在锡拉库萨之前取得胜利

就目前而言，尼西亚斯似乎缺乏进取心和行动力，但他有一个巨大的优势，那就是他拥有拉马科斯这样一位一流的将军做同僚。在拉马科斯死后，围城行动就发生了变化，因此，我们有理由把围城取得的胜利归功于拉马科斯。雅典人占领埃皮波莱（Epipolai）高地，锡拉库萨建起一堵墙围住阿波罗神像，双方对彼此造成的影响就这样互相抵消了。雅典人在拉布达隆（Labdalon）修建了一座堡垒，随后又迅速修建了另一座堡垒，速度之快让敌人大吃一惊。这两处防御工事将作为雅典军队的据点，雅典人还打算以此为起点和中心，建立一座东至特罗基鲁斯（Trogilos）、西至锡拉库萨大港湾的封锁墙。

锡拉库萨人的第一道对抗工事

锡拉库萨打算反击，他们计划先修建一座从阿波罗神像延伸至埃皮波莱高地悬崖的城墙，从而阻断雅典攻城者意图修筑的南墙。但是，这堵城墙不幸被风暴摧毁，筑墙材料还落到了雅典人手中，被他们用来修建自己的城墙了。

雅典将军们下定决心，绝不能再让锡拉库萨人有机会像上次一样，在埃皮波莱高地悬崖边修筑新的反击工事。悬崖本身就具有军事防御功能，因此雅典人占有巨大的优势，可以把他们的城墙向南延伸到锡拉库萨大港湾。与此同时，锡拉库萨人正在忙于修建第二道对抗工事，这座城墙起始于锡拉库萨新墙，横跨低洼处和沼泽地，延伸至阿纳波斯河岸。在把城墙向海岸推进的过程中，雅典人发现自己遇到了新的障碍，拉马科斯决定自己领兵占领这座堡垒，并亲自防卫这座堡垒的壕沟。他下令让雅典舰队从塔普索斯驶入锡拉库萨大港湾。黎明时分，雅典的舰队几乎占领这座堡垒了，拉马科斯的行动取得了胜利。

在攻击锡拉库萨人的第二道对抗工事时，拉马科斯战死

当天晚上，雅典攻下了堡垒的剩余部分。一队雅典重装步兵冲到桥上，想穿过阿纳波斯河，追赶锡拉库萨的逃亡者，却被敌人的一队战马袭击，他们随即陷入混乱。眼看雅典军队身陷险境，拉马科斯立即赶过去援助，在穿过一条壕沟时，拉马科斯突然与他的随从分开。就在一瞬间，拉马科斯被击倒了，随即丧命。但是，锡拉库萨并没有从拉马科斯的死亡中获得任何好处。当他们全军撤回城内时，就已经注定了他们的命运。

壮观的队伍，先进的武器装备，雅典舰队浩浩荡荡地向锡拉库萨港涌去，仿佛这里注定归雅典所有。

雅典舰队进入大港湾

离吉利波斯攻入锡拉库萨还有几周时间。问题的关键是，在进攻锡拉库萨前应该完全包围这座城市，起于锡拉库萨大港湾，经由中心堡垒，终至阿卡拉迪纳（Achradina），只需要一堵这样的城墙，就完全能够满足这一目的。但拉马科斯已经

雅典人进一步获得的优势

死去，没有人关心修墙的进度。尼西亚斯完全是在浪费时间，他把从起点向南的城墙扩建了一倍，而东北走向本该有城墙防护的地方却留下许多缺口。尽管目前锡拉库萨人还能够通过欧律尔（Euryelos）岩石下的道路向城内输送物资，但他们的前景已经一片暗淡。人们开始感受到被包围的痛苦，并把心中的怒火发泄到他们的将领身上。赫莫克拉提斯和他的同伴被剥夺了指挥权。尼西亚斯从城内的亲雅典人派别那里听说锡拉库萨人就快要投降了，内心的喜悦迅速高涨，高兴之后他陷入了懈怠。尼西亚斯认为锡拉库萨可能会投降，这让他对意在解决争端的提议充耳不闻。确实，雅典现在正好运如潮，第勒尼安（Tyrrhenian）舰队迫不及待地想要加入雅典，之前一直冷漠疏离的西库尔人也正在加紧向雅典提供援助。

斯巴达将领吉利波斯进入锡拉库萨　　有些消息故意夸大了降服锡拉库萨人的难度，吉利波斯有点灰心丧气，便努力向西西里前进。突黎瓦人并没有向尼西亚斯提供他期待的帮助，只是派人通知他有一位斯巴达将军正在靠近西西里，不过，这位将军暂时卸掉受人敬仰的军队将领的身份，伪装成一名海盗或私掠者。这则消息中隐含的轻蔑和不屑满足了尼西亚斯的自负心。尼西亚斯对自己信心十足，他没有派出任何一艘战船阻止这名斯巴达将军登陆西西里。当吉利波斯开始登陆时，尼西亚斯只是封锁了当时已经被夺取的埃皮波莱的道路。吉利波斯本可以另想他法来援助锡拉库萨，不过即使如此，他还是失败了。

或许是受命运捉弄，锡拉库萨人正在公民大会上讨论和平条约，这时科林斯人贡吉洛斯（Gongylos）驾着一艘船进入锡拉库萨，告诉锡拉库萨人，他们翘首以盼的援助来了。锡拉库

第五章 伯罗奔尼撒战争
西西里远征

萨人立即把所有投降的想法抛到九霄云外,他们准备出动所有军队,帮助吉利波斯入城。对此,尼西亚斯没有阻拦。他的人手正忙着修建南墙末端未修完的几英里城墙,而那里目前并没有危险,这时,吉利波斯以入侵者的姿态进入锡拉库萨。雅典人立即感受到了身份的转变。斯巴达同意休战五天,前提是雅典人愿意在五天内撤离,不是撤离锡拉库萨,而是离开西西里。第二天,拉布达隆失守。

锡拉库萨正在稳步推进第三道防御工事的修建,他们计划在中心堡垒以东一英里处切断北部的封锁墙,一旦完成,将会使雅典人建立封锁墙的所有努力化为泡影。尼西亚斯判断,必须在锡拉库萨大港湾一决胜负。趁着还有时间,他决定在普莱米里翁(Plemmyrion)的海角设防,这个海角与离它一英里的奥提伽岛共同组成海港的入口。作为控制入港通道的关键,这个海角有着巨大的优势。但是这里没有淡水,寻找水资源的雅典人受到锡拉库萨骑兵的侵扰和攻击,他们只好跑到远处寻求补给。更致命的是,这一位置的变化意味着雅典人从进攻转为自卫。表面上的胜利对他们没有任何好处——即使最轻微的失败或失误也足以给他们带来无穷伤害。

锡拉库萨人的第三道防御工事

锡拉库萨人成功地修好了第三道防御工事,穿过了敌人防线。现在,封锁锡拉库萨的希望已经完全消失,雅典人能做的只剩下攻打锡拉库萨这道防御工事。但尼西亚斯仍有能力守住埃皮波莱山坡的入口,以便来自雅典的新部队可以在这里开展必要的防御工事。雅典人又一次错过了机会。吉利波斯知道,如果强大的敌军占领了欧律尔下方的高地,锡拉库萨就会陷入危险,因此锡拉库萨人不得不继续修建他们的工事。他们修建了一座坚固的堡垒，这里离拉布达隆不远。这座堡垒通过一道墙与第三道工事相连。在墙的北边建有三座堡垒，在长墙受到攻击时可作为岗哨。

宝贵的时间就这样一分一秒地过去了，尼西亚斯的懈怠无疑加剧了雅典的负担，即使是狄摩西尼这样的天才也被压垮了。

尼西亚斯给雅典人的信

正当吉利波斯为了锡拉库萨努力奋斗时，一名信使带着一封信来到雅典。尼西亚斯在信中声称要对目前雅典军队和舰队的一切遭遇进行简单而真实的汇报。如果真的据实禀报，他必须承认，他完完全全地浪费了在西西里的前三个月。正是因为他在第一个冬天的懈怠，才让锡拉库萨人有机会建起新的城墙，从而导致围攻锡拉库萨的战线大大延长；他没有好好利用拉马科斯摧毁锡拉库萨人第二道反击工事时所取得的成功；他没有阻止吉利波斯率领一支强大的援军进入锡拉库萨；他没有阻止敌人建造最后的防御工事和堡垒。这一切都让围攻锡拉库萨成为一项几乎不可能完成的任务；他掌控着一支无与伦比的高效舰队，却因为懈怠无为和一些无用之事，挫伤了整支舰队的锐气。原本能够乘风破浪的舰队很快就变得经不起风浪。但是，在短短两页的信中，他没有承认这些事实，只是在一味地指责。他指责的不是自己，而是他手下的人和派他担任指挥官的人。尼西亚斯说，实际上，在吉利波斯带领军队从伯罗奔尼撒到来之前，他们已经基本上取得胜利了。但他没有说明，如果自己可以谨慎一些，吉利波斯就不可能进入锡拉库萨。他告诉人们，严重受损的不只是雅典战船的精致外观，还有其功能。但他忘记了，正是因为自己反对拉马科斯的建议，才使他们没能尽早完成任务。他指出，现在有两个选择，撤回目前的军队，或派

第五章 伯罗奔尼撒战争
西西里远征

一支同等力量的军队前来增援。他还补充说自己受内疾所扰，无力指挥军队，希望能卸去指挥官一职。其实，他一直都不能胜任这个位置。当这封预兆不祥的信在公民大会上宣读时，是否有人能够看清这次远征其实是一次恶劣行径，而是否有人敢站出来予以谴责，我们不得而知。公民大会没有同意他卸任，但是任命米南德（Menandros）和幼提德谟斯（Euthydemos）两名军官作为他的副手，让他等待雅典军队的支援。

经历过斯帕克特里亚灾难后，斯巴达人相信，他们与盟友主动挑起战争已经引起神的不满。他们也承认在这场战争爆发之前的危机中，雅典人是正确的，而他们自己完全错了。因此，他们非常希望能把重新挑起冲突的责任归咎于雅典人。此时，雅典舰队登陆，开始对埃皮达鲁斯和其他城市进行烧杀抢掠。公然破坏和平，这正是斯巴达人想要的。因此，早春时节，一支斯巴达军队向德克莱亚进军，他们不仅重启以前表面上被中断的战争，还在没有受到反对的情况下修筑了一座堡垒，此后十年的战争正是以这座堡垒的名字命名的。

斯巴达人占领德克莱亚 公元前413年

与此同时，在锡拉库萨，吉利波斯正在煽动人们攻击雅典人。他最大的目标是占领锡拉库萨大港湾的入口。因此，他安排锡拉库萨舰队兵分两路，同时攻击雅典舰队和普莱米里翁海军基地，而陆军则攻打堡垒。无论是在港口还是海军基地，锡拉库萨人最初都取得了胜利。但后来，雅典人获得了足够的空间来排兵布阵，他们在这方面简直无人能敌。很快，他们就击沉了十一艘敌舰，而自己只损失了三艘战船。不过，胜利来得太迟了，没有为他们带来任何好处。普莱米里翁已经失守。三座堡垒的守卫军跑到海滩上观看海军作战，自己却无能为力，

雅典人在锡拉库萨大港湾海战中获胜，却失去普莱米里翁

很难想象他们竟然如此粗心大意。趁守卫军不在，吉利波斯带领军队以压倒性的力量攻下三座堡垒。由此，斯巴达不仅控制了海港入口，还占有其他财物，包括雅典军队为了安全而存放的玉米和金钱，以及停靠在那等待修理的三艘三桨座战船，还有将近四十艘战船的船帆和工具。雅典舰队只有再打一仗才能进入港口。雅典的围城部队受到了一次又一次的打击，他们的载宝船也受到拦截，造船所用的木材都被烧毁。锡拉库萨人在援军没有到来之前未能成功摧毁雅典舰队，这对于雅典而言其实是一种不幸。尼西亚斯海军的毁灭为狄摩西尼提供了充分的借口，让他能够带领军队回到雅典。

雅典舰队在锡拉库萨大港湾战败

一批雅典盟军应尼西亚斯的请求，正在前往锡拉库萨的路上，但他们在中途被西库尔人拦住，雅典进攻锡拉库萨的计划也因此推迟。但如果尼西亚斯能在吉利波斯还没到达锡拉库萨时就采取行动，围城的结果或许有所不同。在雅典的盟军中，有八百人被杀，剩余的一千五百人到达锡拉库萨。不过，西库尔人并不是锡拉库萨方唯一的增援力量。在斯克里特所有的城市中，只有阿格里真托（Agrigentum）保持中立。除了军队人数增加外，锡拉库萨人还迅速掌握了充分利用环境的能力，而这正是雅典帝国迅速发展壮大的原因。他们很清楚，对于雅典舰队来说，充足的海上空间是必不可少的。当他们看到雅典舰队被困在港口一端时，就明白只要雅典舰队不能使用他们特有的战术，那么他们自己的这些体积庞大、行动笨拙的战船就会对锡拉库萨有利。

第一天，海陆同时进攻并没有产生任何决定性的结果。两天后，情况也没有发生变化。这时一个科林斯人建议，锡拉库

第五章 伯罗奔尼撒战争

萨士兵应该上岸吃午饭,然后立即重新开始战斗。看到敌人在中午时分撤退,雅典人认为他们已经大功告成。他们就这样轻易地被蒙蔽了,当看到锡拉库萨舰队再次按战斗顺序排列前进时,雅典人几乎还没来得及吃任何东西。但是,尽管锡拉库萨的仓促突袭造成了混乱,雅典人还是没有任何损失,直到饥饿迫使他们不得不立即解决问题。这样的结果正是锡拉库萨人所期望的。当雅典的三桨座战船迅速驶向战场时,锡拉库萨战船沉重的船头压坏了雅典战船纤细的船身。

锡拉库萨有三艘战船被击沉,而雅典有七艘战船被击沉,还有更多战船被击坏。这时,七十三艘雅典三桨座战船带着五千名重装步兵和轻装部队涌入大港湾。当时,雅典的敌人斯巴达正在德克莱亚建造永久堡垒,看到雅典以这种方式展示自己的力量,锡拉库萨人的第一反应是惊恐。狄摩西尼负责指挥这次增援行动,他一眼就看出,除非雅典能取得一些决定性胜利,证明应该继续此次围攻行动,否则他的到来为雅典带来的暂时性优势只会被白白浪费。如果雅典能攻下锡拉库萨横墙,并杀死守卫三座堡垒的士兵或者解除他们的武装,就有希望攻破锡拉库萨城墙,从而有效包围锡拉库萨。然而,白天进攻几乎没有成功的可能,于是,狄摩西尼决定在夜间进行突击。

狄摩西尼选择在一个月色皎洁的夜晚行动。虽然他的部下之前遭受过苦难,但现在还是满怀希望,甚至可以说是信心满满。现在,带领他们行动的是这样一位将军:他在议会上精明睿智,在战场上精力旺盛,也因此负有盛名。他们带着一切可以保证胜利的物资来到战场。起初,一切都很顺利。雅典人不仅穿过欧律尔,而且在锡拉库萨发出警报之前就占领了横墙。

狄摩西尼率领雅典援军抵达锡拉库萨

狄摩西尼夜袭锡拉库萨的防御工事

雅典的将军们现在带领大部队前往防御墙，而其他人则开始拆毁横墙。吉利波斯率领全军出战，却被雅典军队的强大力量击退。实际上，如果雅典人能够维持现状，那么他们的任务就已经完成。如果他们在黎明前出发，而不是在午夜前出发，就很可能会取得成功，他们已经扭转了锡拉库萨的战势，而日光对他们而言更为重要。但狄摩西尼迫不及待地要把锡拉库萨人赶到更远的地方，而且胜利往往会让希腊军队无视纪律。但新近被带到西西里的维奥蒂亚重装步兵突然发起猛攻，让前线的雅典军队陷入混乱之中。

雅典人的溃败　　从这一刻起，这场战斗变成一场疯狂的混战。随着混乱加剧，雅典人已经看不清该往哪里前进，喧嚣之中也听不清将领的指挥。士兵一遍遍地询问口令，将军一遍遍地重复口令，最后敌人识破了他们的暗号。这原本已经非常致命，而雅典军队中的多利安人让这场战事的情况变得更加严峻。阿尔戈斯人和其他的多利安盟友在嘶喊，锡拉库萨人也在怒吼，雅典人一时难分敌我。本就已经灰心丧气的雅典人现在更加不知所措，他们感觉敌人就在身后，就在他们中间，甚至无处不在。失败彻底变成了溃败。雅典人努力要赶到阿纳波斯前线，但有数百人被逼到山坡的悬崖上，不是被重伤就是被杀。还有一些人是狄摩西尼率领的援军，他们对陆地战况一无所知，误入锡拉库萨，被锡拉库萨骑兵发现后消灭。

狄摩西尼决定返回雅典　　狄摩西尼的计划失败了。他已经明白，无论他们下一步怎样做，都必须放弃围攻，否则只能走向毁灭。在这种情况下，他不能再犹豫。他果敢坦率，没有杂念，毫无私心，尽到了对雅典的义务，也履行了自己的责任。此刻狄摩西尼率领舰队前来，让雅典人再度成为这片海域的主人。他向尼西亚斯保证，一旦海路畅通，就会立即撤军。

然而，尼西亚斯的回答让人震惊，可以看出他要么执念过深，要么道德堕落。有一点我们必须记住，我们看到的一切都是修昔底德记录下来的。这位历史学家在回顾他的职业生涯时心胸无比宽容，在珍藏这些回忆时内心充满了真挚的崇敬与忧伤。尼亚西斯谈到在锡拉库萨依然拥有强大势力的亲雅典党派，其实是另一种考虑。他认为，统治雅典人的是一些蛊惑民心、擅长煽动民众的政客。现在，人们因为围城行动历经苦难而怨声载道，如果能够再次参加公民大会，肯定会有更多的人迫切地站出来，指控雅典将领的叛国或腐败。因此，在收到要求他返回雅典的命令之前，尼亚西斯没有任何理由撤退。事实上，尼西亚斯不敢回到雅典，他是一个懦夫。而狄摩西尼即使失败，也依然能够保持诚实、坦率和勇敢的品质。相比之下，尼西亚斯显得卑劣怯懦。他没有权利诋毁那些尽忠职守的士兵，更没有理由严惩那些对他充分信任的人，虽然他根本不值得尊敬。狄摩西尼再次提出必须放弃围攻行动，即使要等待雅典的指示，也应该同时把舰队转移到卡塔尼亚或纳克索斯岛，但他的坚持只是徒劳。尼西亚斯坚决反对，狄摩西尼甚至怀疑尼西亚斯的坚持是出于一些私人理由，只有时间能证明这些理由的合理性。然而，事实上，尼西亚斯并没有合理的理由。吉利波斯率领大批增援军回到锡拉库萨，这时尼西亚斯承认撤军不可避免，但他要求私下传达命令，不要在紧急会议上正式下达命令。

尼西亚斯的反对

现在，虽然尼西亚斯勉强同意撤兵，情况暂时得到缓解，但狄摩西尼几乎不再抱有任何希望。雅典军队的撤退行动即将

月食

准备就绪，这时月食出现了，尼西亚斯心中充满了宗教带来的恐惧，并为此痛苦不已。他必须询问先知，才能知道接下来该怎么做。按照修昔底德的记载，雅典军队宣布二十七天内不得有任何行动。历史学家狄奥多罗斯（Diodoros）告诉我们，雅典军队这次比惯例延期了三天。普鲁塔克也确认，尼西亚斯停留的时间超出他们要求的期限。如果这件事是真的，那么尼西亚斯的执念又多了一抹阴暗。其实，尼西亚斯早已决定了雅典军队和舰队的厄运，因为早在二十七天前，这支雄伟的军队就已经被彻底摧毁。

雅典军队在大港湾的第二次失败　　在锡拉库萨，消息不胫而走，人们都知道雅典人已经决定撤退，但被月食所阻。他们做出撤退的决定，等于承认了自己的失败和无望，而做出暂缓撤退的决定，则让他们有时间捕获猎物。锡拉库萨舰队在做足准备之后发起一次攻击，摧毁了由欧律墨冬（Eurymedon）指挥的海军中队。在陆地战场上，雅典人略占上风。战争中，雅典人习惯性地把这种牵制当作胜利。但他们可能已经感觉到了，现在的胜利不过是太阳西沉前的最后一丝闪光，而这丝光线让笼罩在周围的漆黑乌云显得更加可怕。他们在海上经历了一场毁灭性的失败，他们非常希望狄摩西尼新的三桨座战船能够扳回一局，但这个愿望并没有实现。

锡拉库萨民众情绪的变化　　对于锡拉库萨人而言，战斗的结果已经完全改变了战争的性质。不久前，他们对这场战斗几乎不抱希望，认为无法让敌人放弃围城计划。而现在形势大好，他们甚至认为有希望横扫雅典帝国。他们现在有一种"一览众山小"的陶醉感，相信自己能够成为希腊历史上最重要的主角。他们现在与斯巴达人、科林斯人、阿卡迪亚人和维奥蒂亚人一起影响着战争的走向，

第五章 伯罗奔尼撒战争
西西里远征

对抗有史以来雅典所派出的最英勇、最强大的海军舰队。为了达到史诗般的效果，修昔底德在描述米洛斯大屠杀之前的雅典人时，用语言掩盖了他们的真实名声；而现在出于同样的原因，他满怀悲怆与庄严，逐一列举在最后一场可怕的战争中相互对峙的民族。在这里，就像在马拉松战役一样，普拉提亚人也出现在战场上，也许他们希望为锡拉库萨的维奥蒂亚盟友报仇，但更多是出于对雅典从未动摇过的忠诚。在这里，代表埃伊纳走上战场的并不是萨拉米斯征服者的后代，而是被强行迁移到那里的雅典公民。与雅典的多利安盟友一同前来的还有来自皮洛斯和纳夫帕克托斯的麦西尼亚人，以及打算誓死追随他们最信赖的将军的阿卡纳尼亚人。站在锡拉库萨人那边的则有卡玛里那人，雅典曾经努力想与他们建立友谊。此外，还有塞利努斯人，他们与塞杰斯塔野蛮人的小吵小闹最终酿成这了出大戏，如今他们也将在"戏剧"的最后一幕再度出演。

眼前的胜利极大地激发了锡拉库萨人的热情，他们决定像消灭陷阱中的困兽一样摧毁整个雅典的军备。从普莱米里翁到奥提伽有一个海港，雅典的三桨座战船、商船等各种船只都停泊在这个海港的入口处，并用绳索和铁链牢牢地拴了起来。这是尼西亚斯的愚昧及顾虑造成的后果，如果成就雅典辉煌的先辈看到了，肯定会鄙视他的所作所为。当狄摩西尼看到自己的同僚愚蠢到这个地步时，他感到无比愤怒。雅典军队的食物供应越来越少，因为在月食之前，他们已经向卡塔尼亚说不需要再提供食物了。然而，后悔与指责都是徒劳的。雅典军队必须放弃埃皮波莱战线，他们现在只能孤注一掷，试试能否获得成功。如果失败，雅典的海上战场就会被烧毁，军队就只能从陆

_{大港湾入口关闭}

地撤退。

狄摩西尼的错误

放弃埃皮波莱战线似乎是一个错误的决定，不过错误不在尼西亚斯，因为此时他已经没有任何判断力可言。这个错误的决定是坚定、睿智的狄摩西尼造成的。过去的经验告诉他，如果在狭窄的空间里遇到敌人坚实的船头，就如同让自己用剃刀砍木头，最终的结果只能是失败。但是埃皮波莱防线不仅能让雅典人自由进出另一侧区域，还能让他们谨慎有序地撤离。

尼西亚斯的演讲

在二十七天期限过去的几天后，尼西亚斯告诉雅典的士兵，为了在接下来的战斗中取得胜利，所有能做的事都已经做了。雅典战船互相缠绕的铁链落到敌人的船头上，船队陷入敌舰的致命包围中，最后的结果就是其中一方的士兵坠入大海。简而言之，受形势所迫，他们不得不把这场战斗变成一场海上陆战。尼西亚斯恳求雅典人证明，虽然他们现在身体虚弱无力，还遭遇了前所未有的不幸，但还是能够凭借技巧战胜敌人的残暴。他还坦诚地告诉他们，雅典全部的军力就在他们眼前，如果失败，那么雅典就完全失去抵抗能力了。除了他，恐怕没有任何一位领导者能说出这种既贬损自我，又无益于鼓励部下的话了。一年前，雅典未能顺利攻下锡拉库萨，是他的错；拉马科斯死后出现的一切问题，是他的错；让吉利波斯进入锡拉库萨，是他的错；在狄摩西尼第一次要求撤退时仍不撤退，是他的错；没有在锡拉库萨人在港口设阻前离开港口，是他的错。然而，就是这样一个人，竟然开口恳求他的士兵要记住，这场战斗的结果将决定雅典的伟大声誉，以及是否能让雅典获得辉煌的自由。

雅典舰队的毁灭

考验雅典军队的时刻来了。士兵都已上船，尼西亚斯带着

第五章 伯罗奔尼撒战争
西西里远征

深沉的痛苦向他们发表讲话，他不是要唤起他们的勇气，他们一直以来都不乏勇气，而是要唤起他们的信心。他不在乎自己是否在重复相同的内容，也不在乎这些内容是否陈旧无力。这些话不是别的，正是伯里克利葬礼悼词中的内容。但是，在这样一个需要注意力高度集中的时刻，他把本就高度敏感的雅典人的神经拉到了更加高度紧绷的状态，人们怀疑这种做法是否明智。战斗的信号终于发出。表面上看，雅典人行动迅速，攻击有力，但是当锡拉库萨的舰队从四面八方攻击他们时，他们甚至还没有解开那些把船绑在港口的铁链。很快，这场战斗分成了几个小战场。在雅典人的防线内，他们时而充满希望，时而恐惧不已，紧盯这场决定所有人命运的战斗。不过，并不是所有人都是从同一个角度观看战斗。可以看到，在雅典阵营里，在面对这场充满悬念的斗争时，有的人身体与战斗的形势合拍，有的人在目睹灾难后陷入剧烈的痛苦，还有的人在看到雅典人赶走几个敌军后突然充满希望。最后，野蛮的锡拉库萨人占据上风。雅典舰队被推得越来越远，直到整个舰队被赶到岸边。其他雅典军队匆忙赶去援助，空气中回荡着他们刺耳的尖叫声和痛苦的哭泣声。士兵从被击损的战船下来跑上岸，有人匆忙赶去保卫城墙，有人只想着如何保护自己的安全。

夕阳西下，雅典阵营中一片绝望的景象，而锡拉库萨城墙内则传来激烈而遥远的欢呼声。狄摩西尼仍然急切地想要再试一次，试图打破敌人在港口设下的障碍，但士兵都不愿再战。将军们只能决定从陆地撤退。如果立即开始撤退，这支依然强大的军队或许还能得救。锡拉库萨的道路无人看守，整个城市都沉浸在一片狂热的喜悦中，赫莫克拉提斯甚至放弃引诱雅典

赫莫克拉提斯设计拖延雅典人撤退

人出发，再在半路上突袭他们的想法，他认为这个想法不会成功。如果这件事无法成功，他还可以试着耍手段把雅典人扣留下来再杀了他们。因为尼西亚斯这个邪恶的天才，赫莫克拉提斯的计谋居然成功了。一些锡拉库萨骑兵自称站在雅典这边，他们来到雅典的防线上，告诉雅典人道路已经被封锁，并建议他们与其在夜间匆忙撤退，不如等第二天再小心行动。他们停留一个晚上以后，认为最好再多留一天。但到了清晨，雅典防线内的战船开始燃烧，火焰熊熊升起，这表明海战已经结束。锡拉库萨军队开始进入乡村，对于这里的道路、堡垒和山道，他们全部进行毁坏，破坏不了的则派人守卫，占为己有。

雅典人从营地撤退

战斗结束后的第二天清晨，雅典人怀着痛苦的心情开始撤退，但是即使撤退，他们最后的结局还是毁灭。痛苦很快将他们淹没。他们上次注视雅典女神的雕像和神龛时，还希望女神能保佑雅典成为全希腊的中心和霸主。而现在，在经历无可挽回的失败后，他们只能灰溜溜地逃跑，否则有可能会被抓去当奴隶或被处死。虽然他们可以带走食物，此时食物的重量对他们来说已经不能说是负担了，但他们带不走伤兵。有几百人在伤病的折磨下日渐憔悴消瘦，还有几百人因为受伤而倒下。现在，所有人都必须离开，但他们离开的方式与我们这个时代有所不同。如果在现在的时代，他们受到的待遇可能会更为温和、人道。但是在他们的时代，他们只会被奴役、折磨或处死。离开的时间越来越近，整个雅典军营弥漫着一种难以言喻的悲惨。曾经，这些士兵的父母亲友骄傲地把他们从雅典城门送上比雷埃夫斯港的三桨座战船，而现在，他们的兄弟儿子却被遗弃在战场上。同一个帐篷的战友现在要分开了，如果在这里经历了

第五章 伯罗奔尼撒战争
西西里远征

短暂的痛苦之后,他们能够在未知的世界重新团聚,那也是一件幸福的事情。此刻在痛苦中,生病的士兵紧紧抱住自己的同伴。当撤离者踏上悲惨的征途时,那些浑身是伤的可怜人无力地爬行着,恳求把他们一起带走,直到体力不支,倒在路上。

在绝望与危机中,尼西亚斯还是尽力给予士兵鼓励,不过正是因为他的粗心大意,才让军队陷入如今的困境。他的话仅仅是在评论那些名言:"没有转弯的路一定很长。""想一想有人在和你一起分担苦难,这样就会感觉轻松一些。"尼西亚斯已经习惯了富人的安逸生活,在宗教崇拜中一丝不苟,在个人生活中无可指摘,而现在因为伤病,不得不与其他人一样忍受痛苦和贫困。这不是一个畏惧战争的人能说出的话,而是这样的人才说得出的话,即在极端情况下,他还是无法看清,正是因为自己一次次愚蠢地浪费了机会,才造成现在必须要竭力减少他带来的不良影响。

尼亚西斯努力维持雅典人的勇气

他们选择了通往卡塔尼亚的道路,尽管体力消耗很大,食物很少,几乎没有水,也没有睡眠,他们还是在五天内走过一段距离。但是,实际上,如果不受阻碍,这段路可以在两小时内轻松走完,由此可以想象行军的凶险。现在,他们确信向北的道路走不通,于是在夜深人静之时,他们踏上了通往南海岸的希洛林路(Helorine road)。一场恐慌将尼西亚斯和狄摩西尼的部队分开。狄摩西尼在后方,他不得不考虑如何维持士兵的战斗秩序,而不是怎样穿过陆地。他在集结部队时,发现自己被困在一个橄榄园的两面墙之间,墙壁两边各有一条路,他的士兵随时可能被处于安全地带的敌人击倒。可怕的屠杀持续了几个小时,直到最后,锡拉库萨人提出协议,提议狄摩西

狄摩西尼投降

尼和他的部队投降。他们保证不会以暴力、捆绑或不提供生活必需品的方式处死俘虏。狄摩西尼同意了。士兵们朝上抬着四面盾牌，上面装着狄摩西尼一行人的财物，他们将被带往锡拉库萨。

尼西亚斯投降　　尼西亚斯率领的部队已经穿过埃里诺斯（Erineos），距离锡拉库萨南端还有五英里。第二天早晨，锡拉库萨使者通知他狄摩西尼已经投降了，劝他也尽早投降。尼西亚斯反而建议锡拉库萨投降。他说，作为交换，雅典会向锡拉库萨补偿战争的所有花费。如果接受这个提议，就能充实锡拉库萨的国库，缓解他们的燃眉之急。不过，相比之下，把失败的敌人踩在脚下的喜悦更加诱人。锡拉库萨拒绝了尼西亚斯开出的条件，一刻不停歇地攻击雅典人。晚上，雅典人试图趁着夜色逃跑，但锡拉库萨军营立即传来一阵吼声。雅典人被发现了，他们既惊恐又茫然，便停在原地。第二天早上，他们到达阿西纳罗河（Assinaros）。看到波光粼粼的水面，他们心中的秩序和纪律、谨慎和小心都消失得一干二净。这些人没有转身迎敌，以掩护那些需要先过河的人，而只顾着跳进河里解暑，自己再游到对岸。瞬间，所有人陷入绝望与混乱，这条刚被数千人搅浑的河流，很快就被他们的鲜血染红了。伯罗奔尼撒人继续无情地把面前的雅典人赶到河流中，而水里的人仍在继续喝水，殊不知死亡的痛苦已悄然而至。为了结束这场屠杀，尼西亚斯亲自向吉利波斯投降，他无比希望斯巴达人还记得他们曾经从他那里获得过许多好处。最后捕获的俘虏数量并不多，很多人藏起来了。尼西亚斯曾经想用财富说服锡拉库萨人投降，而现在锡拉库萨人自己夺走了这些财富。

第五章 伯罗奔尼撒战争
西西里远征

起初，四万人离开雅典在锡拉库萨大港湾所设的防线；一周后，七千人成为俘虏，被带到锡拉库萨。雅典军营里病人和伤员的情况如何，我们不得而知。不过几乎可以肯定，所有人都被杀了。与被俘的七千人所受的待遇相比，被处死反而是一种仁慈。那七千人像牛一样，被关在埃皮波莱的采石场里。锡拉库萨人曾经向狄摩西尼承诺，他的士兵不会有人死于暴力、捆绑或缺乏食物。但就像西拉杰·乌德·达乌拉（Suraj-ud-Dowlah）杀害加尔各答黑洞事件中的受害者一样，锡拉库萨人处死了他们俘获的雅典人。

雅典战俘被囚禁在埃皮波莱的采石场里

很庆幸，不用目睹这种令人痛苦的折磨。尼西亚斯和狄摩西尼都被处死，除非狄摩西尼能够遵守和约中的条款，否则他不能指望得到宽恕。在雅典与斯巴达这场浩大的战争中，除了伯里克利和弗尔米奥，没有任何一位雅典领导者的功劳能超过狄摩西尼，因此，他成为斯巴达人和其盟友的眼中钉。斯帕克特里亚之战的胜利者狄摩西尼被处死，这显然违反了双方的契约。虽然他肉身已死，但其精神犹存，他的军事声誉没有任何污点，只不过是尼西亚斯的迷信和名望让他成为受害者。

尼西亚斯和狄摩西尼之死

西西里远征就此结束，它改变了雅典的历史走向，并且或多或少地影响了世界历史。在雅典人看来，征服西西里的计划是一个无比严重的政治错误。所有有远见的政治家都曾反对这项计划，但就是一个任何国家都会唾弃的无法、无礼之政客，竟然引诱雅典人接受了这项计划。尼亚西斯曾经明智地建议雅典不要前往西西里，而雅典不仅没有听从他的建议，还派他去实施这项计划，最后也给他带来了致命伤害。他们把本该用来保护雅典和收复安菲波利斯的力量用来冒险远征；他们用丰厚

西西里远征失败对雅典历史的影响

的奖金支持这次远征，最后由失败走向毁灭，其实节俭才是明智的选择。雅典军队蹂躏西西里的这种行为，与吉利波斯和他的盟友践踏战败的雅典人一样，对雅典和世界毫无益处。但如果追求自治的孤立政策本身就是一种错误，那么很不幸，吉利波斯的胜利为这项政策带来了保障。如果雅典帝国能够延续，就能够避免之后历经几代人的战争，也可以维持小于罗马帝国的版图。在很大程度上，雅典与其盟友和从属城邦有共同的利益和目的，而斯巴达则丝毫满足不了这一点。但斯巴达的制度与希腊人头脑中的本能不谋而合，这种本能可能被削弱，但从未被根除；任凭雅典政治家再怎么睿智谨慎，对这种本能也无能为力。

第六章
伯罗奔尼撒战争
从西西里远征失败到雅典四百人寡头政变

第六章 伯罗奔尼撒战争
从西西里远征失败到雅典四百人寡头政变

当雅典人还沉醉在即将征服西西里的美好希望中时，斯巴达人正在不断修高、加固德克莱亚堡垒。确实，雅典人需要被刺激一下。之前的入侵最多持续几个星期，而现在整个国家都将完全处于敌人的摆布之下。雅典人每天都能体会到奴隶制的弊端和伤害，能够感受到在两万人逃走后，雅典几乎没有技艺娴熟的劳动力。事实上，雅典已经不再是一座城市，它完全变成一支守卫部队。守卫军无休止地巡逻御敌，身心俱疲，繁重的任务让他们近乎陷入疯狂。雅典自己也处于围困之中，其所有的舰队和精锐部队都被困在一座不如自己强大的遥远城市。经过几周可怕的平静，雅典征服西西里的希望完全破灭。悲痛欲绝的雅典人把矛头指向那些促成此次远征的演说家，指向那些为这次远征预言的占卜者。但这次计划是他们自己同意的，所以这种责怪其实是失败后可怜的自我安慰。很快，他们意识到必须考虑一些更实际的问题：他们的军队被消灭，舰队要么被烧毁，要么落入敌人手中，而码头上几乎已经没有船只。没有什么能阻止敌人进攻雅典，也没有什么能阻止雅典的从属城邦叛变投敌。尽管身陷困境，但雅典人心里只有一个念头：绝不屈服。他们必须激情饱满、高效迅速地打完这场战斗；他们必须准备好造船需要的木材；他们必须仔细观察所有盟友的一切动向。为了保护商船通行，雅典人迅速加固苏尼翁海角，速度快到让锡拉库萨人大吃一惊。同时，他们放弃驻守伯罗奔尼撒海岸上面向基西拉岛的一座堡垒，因此又多了一些可以调遣的兵力。

> 西西里远征失败对雅典公民情绪的影响
> 公元前413年

雅典的敌人认为这场战斗已经结束，这并不奇怪。他们花费很长时间都没能粉碎雅典的帝国结构，而现在雅典却自己跌

> 西西里远征失败对雅典敌人和盟友的影响

得支离破碎，这意味着，每个希腊城邦都能够享受绝对自治的黄金时代已经开始。冬天还没有结束，一些雅典原来的盟友就已经倒戈，为斯巴达效忠。

<small>在斯巴达的波斯使者</small>

第一个来到斯巴达的是优卑亚使团。第二个到达的是莱斯沃斯使团。紧接着，希俄斯和埃里斯莱的使者也来了，与他们一同前来的还有驻守吕底亚的波斯总督提萨斐尼（Tiaphernes）的使者。这位总督收到波斯国王通知，命令他管辖范围内的希腊城邦必须向波斯进贡。正是因为雅典人的软弱才让波斯国王提出了这样的要求，这个事实至少让小亚细亚的希腊人知道，试图摆脱雅典的枷锁，其实就像青蛙一样，只是更换了国王罢了。提萨斐尼至少知道，没有斯巴达的援助，他无法打破雅典帝国统治，而在打倒雅典统治之前，他必须借给斯巴达一笔钱，而这笔借款的数额每天都在增加。就在提萨斐尼的使者为希俄斯人辩护的时候，代表赫勒斯滂总督法尔纳巴祖斯（Pharnabazos）前来的使者，要求将法尔纳巴祖斯的领地作为第一次行动的地点。这样就出现一个奇特的景象：两位波斯总督恳请斯巴达人撤销他们在雅典进行的事务，而这些工作在雅典已经持续近七十年。曾经，斯巴达人告诉雅典人不要把同胞出卖给波斯蛮族，而现在他们却故意为波斯入侵敞开大门，这不仅背叛了希腊的自由，也背叛了欧洲的自由。但是仅从这种背叛带来的最快结果来看，斯巴达人转向提萨斐尼是正确的。这场战争是由阿尔西比亚德斯决定的，他用尽浑身解数使希俄斯人成为最高的竞标者。

<small>亚里斯多克拉底前往希俄斯的使命
公元前 412 年</small>

冬天就这样过去了，战争的第九年结束。春天来了，希俄斯的密谋者们仍然在焦躁不安地等待着斯巴达承诺给他们

第六章 伯罗奔尼撒战争
从西西里远征失败到雅典四百人寡头政变

的援助。他们焦急万分，生怕他们的计划被雅典人知道。科林斯人在地峡运动会（Isthmian games）结束之前都不愿出海，这给了雅典人时间去验证他们的猜测。亚里斯多克拉底（Aristokrates）也为此被派往希俄斯，在当地政府保证无意造反后，按照同盟条约，他要求希俄斯派出一支舰队。史书告诉我们，这一要求得到了满足，只是因为希俄斯的密谋者们不希望召集人民参加他们的会议。于是，七艘希俄斯三桨座战船驶向了雅典。

雅典人在埃皮达鲁斯海岸击败了伯罗奔尼撒的一个中队，这让斯巴达人意识到，他们目前的任务可能没有预期的那么容易。斯巴达人立即下令召回查尔基德斯（Chalkideus），他正率领五艘战船带着阿尔西比亚德斯前往希俄斯。阿尔西比亚德斯明白，这个决定无疑会给他的大计带来致命一击。只有寡头们的密谋取得成功，希俄斯才能加入斯巴达联盟。他很清楚，密谋者们虽然准备造反，但并不准备冒险自毁。如果这些密谋者得知，由于雅典人的一场胜利，查尔基德斯就被召回，他们肯定会进一步表明效忠雅典的决心，以此安抚雅典人的情绪。查尔基德斯坚持认为应该执行原来的计划并保证，如果他能到达爱奥尼亚海岸，他不仅会策反希俄斯，还会策反雅典的其他盟友。查尔基德斯凭借他的影响力获得了支持，但现在他必须哄骗希俄斯的密谋者和民众。

当议会正在进行时，斯巴达的三桨座战船靠近了登陆点，希俄斯人看到后大失所望。阿尔西比亚德斯立即出现在元老院面前，向他们保证，现在出现在希俄斯港口的小舰队只是先锋队，大规模舰队已经上路，就在后面。希俄斯的密谋者们听信

希俄斯叛乱

了这个谎言，相信斯巴达会向他们提供及时有效的帮助。于是，仅仅是为了满足保持独立的盲目冲动，希俄斯人几乎无视了他们与雅典之间的利害关系，决心冒险打破半个世纪以来稳定的利益与繁荣。希俄斯背叛了雅典。埃里斯莱率先效仿，克拉佐梅奈（Klazomenai）紧随其后。就这样，阿尔西比亚德斯再次改变了雅典的历史。斯巴达人行动迟缓，这原本可以让希俄斯的密谋者们看清事情真相，明白他们行为中的风险。而如果他们拒绝反叛，也可以保证其他盟友对雅典的忠诚度。但叛徒的力量扭转了局面，查尔基德斯率领的五艘战船在最后的困境中取得了一定的成果。

雅典使用储备基金

一旦开始这项冒险，希俄斯的寡头们就会以强烈的激情支持新朋友的事业。他们并非不清楚自己可以从雅典获得什么样的利益，因此他们虽然希望削弱雅典，但并不希望让自己变得贫穷。他们相信，在斯巴达的帮助下可以避免这种结果。但最后他们将会发现自己大错特错。不过，就目前而言，希俄斯的行为强烈激发了雅典同盟的离心本能，让几乎所有的雅典人陷入绝望。雅典目前的资源完全不足以应对这场危机，但还有伯里克利储存在雅典卫城的一千塔兰特后备资金。现在，雅典取消禁用这笔资金的规定，用来组建一支舰队。这支舰队由一些次等战船组成，被派去取代埃皮达鲁斯海岸的封锁队。封锁队的八艘战船在斯特罗姆比基德斯（Strobichides）的带领下前往希俄斯，而七艘希俄斯的战船则被带到雅典。到雅典后，士兵中的自由人被关押，奴隶则被释放。

米利都叛乱

紧随希俄斯其后的是米利都，阿尔西比亚德斯刚抵达，这里就开始叛乱。

第六章 伯罗奔尼撒战争
从西西里远征失败到雅典四百人寡头政变

与此同时，斯巴达人和波斯国王签署了一份条约，宣称波斯国王可以合法拥有他及其祖先在任何时候所拥有的土地。

换句话说（根据波斯人的占有理论），波斯国王不仅可以拥有爱琴海东岸的土地，还可以拥有色萨利、维奥蒂亚、福基斯（Phokis）、阿提卡，甚至包括马多尼奥斯曾经短暂占领过几天的麦加拉。

事实上，似乎没有什么力量能让雅典人振作起来。在希俄斯的劝说下，勒比都（Lebedus）和伊莱（Erai）也加入了叛乱。同时，雅典在埃皮达鲁斯海岸所设的封锁线被包围中的战船突破了。但在这个时候，发生了一件似乎可以让雅典成功制敌的事情。萨摩斯发生了一场革命，但是并非针对雅典，所以反而对雅典有利。自从近三十年前镇压过这里的第一次叛乱之后，雅典很少干预该岛的事务，岛上的乔摩瑞（Geomoroi），也称寡头地主，重新获得了优势地位，并剥夺了平民与统治阶级通婚的所有权利。或许，平民一直在等待时机推翻统治者。当三艘雅典战船出现时（修昔底德认为这纯属偶然），他们决定立即采取行动。寡头统治者可能被吓了一跳，但他们进行了顽强的抵抗。在这场战斗中，两百人被杀，四百人被放逐，他们的财产被分给平民。平民讽刺地把乔摩瑞视为下等人，禁止人们与他们缔结任何婚姻关系。如果平民不能证明这些做法的合理性，就必须受到严厉谴责。但必须承认，这些寡头打算效仿希俄斯的先例。虽然人们对雅典颇有微词，略有抱怨，但如果寡头们把外敌引入城内，他们将背负更加沉重的枷锁。在这种情况下，除非他们还是无动于衷，否则只有一条路可走。

斗争之所以如此激烈是因为寡头们的力量太强大。失败后，

斯巴达与波斯的第一份条约

萨摩斯革命对雅典有利

莱斯沃斯的叛乱流产

寡头们受到了惩罚，但如果叛乱成功，他们一定会对平民实施更加严厉的惩罚。萨摩斯人明确证明了自己的忠诚，而雅典的回报就是立即给予萨摩斯岛自治盟友的地位。雅典人很快感受到了这场革命的作用。如果他们要继续斗争，就必须有一个安全的行动基地，现在他们在萨摩斯有了这样一个据点。希俄斯的寡头们担心自己在叛乱中孤立无援，正在努力说服莱斯沃斯背叛雅典。十三艘战船驶向莱斯沃斯，这座岛上的麦提姆纳和米蒂利尼已经放弃继续效忠雅典。没过几天，一支由二十五艘战船组成的雅典舰队突袭占领了米蒂利尼，雅典人很快成为全岛的主人。在克里昂时代，米蒂利尼人侥幸逃过严厉的惩罚，而如今岛上的莱斯沃斯人能够逃脱这种惩罚，完全是因为征服者的软弱而非宽容。但是，没有什么能阻止雅典人对敌人进行报复，因为德克莱亚的防御工事让雅典遭受重创，他们的报复对象首先就是希俄斯的密谋者。

对希俄斯的破坏

经历一连串失败后，希俄斯人被困在自己的城墙内，自薛西斯时代以来就没有入侵者踏足过这片土地，而现在他们被迫眼睁睁地看着这片富饶、幸福的土地被蹂躏。民众一直不同意进行这场战争，现在遭受的损失更让他们无比愤怒，他们所经历的痛苦并不亚于寡头们。雅典人在德尔斐尼翁（Delphinion）北侧修筑防御工事，这让所有人都联想到，以前斯巴达人就是在德克莱亚修筑防御工事而导致雅典遭受沉重苦难的。希俄斯的奴隶非常多，苛刻的对待把很多人逼得逃到了山上，开始靠有计划的抢掠为生。对这些逃亡者来说，德尔斐尼翁堡垒无疑是一个难以抗拒的诱惑之地，于是，几乎没有奴隶选择留在城里。这些逃亡者对这个国家非常熟悉，他们的叛逃所带来的灾

第六章 伯罗奔尼撒战争
从西西里远征失败到雅典四百人寡头政变

难几乎使希俄斯政府陷入绝望。密谋者们小心地实施阴谋，谨慎地酝酿计划，而到头来这就是他们得到的一切。修昔底德竭力表明，如果只是他们的判断出现失误，那也是很容易被原谅的。从表面上看，他们认为雅典的力量在锡拉库萨已经被瓦解，也相信自己有足够的支持者。但实际情况是，贵族阶级违背了全体人民的意愿将外敌引入本国，除非能够证明这种做法合情合理，否则这些希俄斯的寡头必须受到谴责。岛上的平民自始至终都没有与寡头们共谋的意愿。平民一定清楚，他们并没有从斯巴达的统治者和波斯税官的手中得到好处，而且斯巴达人与后者保持着某种可疑的友谊。

希俄斯半个多世纪的繁荣足以证明，岛民不仅没有理由抱怨雅典，还应该为所享受的幸福和财富而感激雅典，如今他们已经无法再享受这些好处了。希俄斯政府的行为足以激起当今英国人的愤慨。如果不是因为雅典，希俄斯肯定还会一直受制于波斯国王的屈辱枷锁和傲慢苛求。作为雅典的自由盟友，希俄斯只需要在每年提供规定数量的战船，用于维持秩序就可以。他们从中获得的利益完全等同于雅典本身获得的利益。事实上，雅典意欲维持的秩序对于世界政治而言也是极大的福祉，这么说一点也不为过。雅典让同盟中最弱的盟友感受到了最强者的光辉，也让那些微不足道的希腊岛屿居民意识到，他们对于希腊和蛮族世界而言是多么重要，他们为此感到自豪。正如我们所见，如果他们被其他城邦伤害，他们可以向雅典公民大会提出申诉。他们清楚地知道，在雅典的法庭上，即使申诉的对象是赫赫有名的雅典将军，想要获得正义也没有困难。

尽管有人做着不切实际的自治梦，在情绪上对雅典有所抱

|希俄斯各派别的状况|怨，但大多数盟友或从属城邦的人民都顺从地依附于雅典建立的秩序；希俄斯也是雅典忠实的依附者，所以寡头们不得不战战兢兢地密谋，以免他们的计划过早地被雅典人知道。

赫莫克拉提斯率领锡拉库萨舰队抵达

雅典人在米利都的领地上取得了胜利，如果他们接着去包围米利都，这个胜利将会是一个巨大的优势。但这时有消息传来，来自伯罗奔尼撒和西西里的一支大型舰队可能随时出现。在这支舰队中，锡拉库萨人的舰队由赫莫克拉提斯指挥，他一心想要瓦解雅典在爱琴海的帝国，就像他在自己城邦的土地上摧毁雅典军队一样。赫莫克拉提斯在伊阿索斯海湾（the gulf of Iasos）的泰吉奥萨（Teichioussa）与最近败于雅典手下的阿尔西比亚德斯会合。阿尔西比亚德斯告诉他，除非能解救米利都，否则摧毁雅典帝国的所有努力都会受挫。他们决定立即前去援助米利都，但其实，只要他们接近米利都，任务就算完成了。雅典的指挥官们一开始希望与伯罗奔尼撒人公开交战，但遭到了普律尼科司（Phrynichos）的坚决反对，他坚持认为雅典在目前的形势下，最不能承受的就是失败。就他自己而言，他肯定不会允许雅典的安全因任何自以为是的荣誉感或自尊心而受到威胁。如果从萨摩斯出发，就会轮到他们在一个更适合的季节成为攻击者。

斯巴达与波斯的第二份条约

冬天来了。斯巴达方面的各路海军在米利都集结了一支强大的舰队，斯巴达海军将领阿斯提约科斯（Astyochos）表达了对查尔基德斯与提萨斐尼签订的可耻条约的谴责。但总的来说，雅典人的情况比他们的敌人更有利。阿斯提约科斯并没有任何明确的不满，但该条约似乎过于符合波斯国王的利益，因此他坚持要修改条款。最后双方达成一份新的条约，条约中正

第六章 伯罗奔尼撒战争
从西西里远征失败到雅典四百人寡头政变

式要求斯巴达人不得伤害任何所有属于波斯在位君主或前任君主的国家或城市。斯巴达人也不得从这些领土或城镇征收任何税收或贡品。波斯君主最终被说服，同意向斯巴达人提供帮助，并尽其所能地保证他们不受任何波斯人的入侵。显然，这份条约只是用荒谬代替了羞辱。之前的条约确保波斯国王可以拥有他或他的祖先在任何时候拥有过的土地，使其成为色萨利、维奥蒂亚、阿提卡和麦加拉的主人。而后来的条约则保证斯巴达不会对这些土地或城市造成任何损害。但没有任何条款表明如果雅典处于叛乱状态，必须使其重新效忠。因此，这份条约实际是在要求斯巴达人承诺与他们正在拼命战斗的敌人和平相处。仅这一点就能够证明这个联盟的虚伪，一旦发现有任何不便，双方都不会继续遵守条约。斯巴达官员利卡斯（Lichas）认为自己有两支斯巴达舰队支持，实力足够强大，他告诉波斯总督提萨斐尼，他根本不打算遵守如此羞辱斯巴达和希腊人的条约。于是，提萨斐尼明白这份条约根本没有用。如果波斯国王认为斯巴达会承认他是色萨利、洛克里斯和维奥蒂亚的合法主人，那他就大错特错了。斯巴达坦率地承认，在目前的安排下，斯巴达不会同意接受波斯的金钱资助，提萨斐尼得知后大吃一惊，怒气冲冲地转身走了。

雅典人撤退到萨摩斯，这使罗得岛完全陷入斯巴达的势力范围。岛上有三个城市，林多斯（Lindos）、伊利索斯（Ialysos）和卡米罗斯（Kameiros），都是多利安人居住的地方，斯巴达因此认为他们会急于摆脱爱奥尼亚势力的桎梏。但事实并非如此，这充分说明雅典帝国政府的普遍精神。在这里和其他地方一样，叛乱不是人民的事情，而是寡头的事情。在伯罗奔尼撒

罗得岛叛乱

近百艘战船组成的舰队靠近时，民众惊慌失措地逃到山上。而密谋者们因此获得了自由，宣布罗得岛是斯巴达同盟的一员。三个月来，舰队一直停在该岛港口的岸边。正如斯巴达人所愿，在罗得岛，他们避开了提萨斐尼。而且，为了在没有波斯人补贴的情况下继续战争，他们向罗得岛人征收了三十二塔兰特的贡金。

罗得岛人很早就清楚，要想挣脱雅典的枷锁而获得自由，必须有所付出。但他们不采取行动的另一个原因是阿尔西比亚德斯的阴谋。对于像他这样一个不以背叛为耻的人来说，除了追求卓越或走向毁灭，显然没有其他选择，只有通过不断的成功才能保持卓越。他的背叛确实摧毁了雅典在西西里的舰队和军队，德克莱亚的防御工事也给了阿提卡一记重创，但在爱琴海海域，情况开始有所不同。诚然，阿尔西比亚德斯促成了希俄斯的叛乱，随后其他城市和小亚细亚大陆上的城市也纷纷叛变。但是后来，希俄斯惨遭雅典人蹂躏，莱斯沃斯再次被雅典人征服。人民对斯巴达人带来的自由根本无动于衷，这让他们不得不四处压制人民的消极抵抗。萨摩斯人民的起义和波斯总督居高临下的态度更让他们恼火。

斯巴达下令暗杀阿尔西比亚德斯

他们向海军将领阿斯提约科斯下达了处死阿尔西比亚德斯的命令，但这位雅典流亡者的行为，比起斯巴达人愚蠢的背叛行为有过之而无不及。他向提萨斐尼走去，将一个寡头团体的秘密暗杀行动与一个庸俗民众的公开法庭和直接法令做了权衡。

阿尔西比亚德斯给提萨斐尼的建议

阿尔西比亚德斯这位新的顾问向提萨斐尼建议说，将伯罗奔尼撒人的工钱从每天一德拉克马减少到半德拉克马，并贿赂

第六章　伯罗奔尼撒战争
从西西里远征失败到雅典四百人寡头政变

他们的将军和酋长来扼制可能因此而引发的不满情绪。阿尔西比亚德斯接受了贿赂，因此他作为提萨斐尼的代理人站了出来，用一种无人敢公开反对的口气说话。他坚持认为，为了波斯的利益，战争的步伐应该放缓，波斯应该适当提供援助，使战斗的双方势均力敌，彼此耗尽实力。他还说，如果最终有一方获胜，那么雅典的胜利对波斯国王更有利，因为雅典的目标只限于爱琴海沿岸的岛民完全臣服于自己，雅典会心甘情愿地让波斯国王成为大陆城市的主人。而斯巴达人为了向小亚细亚希腊人提供长期以来承诺的自治权，可能会被迫违背自己的意愿。提萨斐尼难以置信地听着这一连串油嘴滑舌的谎言。他清楚自己还欠着国王贡金，因为半个多世纪以来，波斯税官一直被雅典及其位于岛屿上的同盟城邦排斥，而现在这些城邦即将抛弃雅典，成为波斯的奴隶。

阿尔西比亚德斯知道，尽管他的建议当前可能被采纳，但他的地位仍然岌岌可危。他决心颠覆雅典的政治体制，以此重回雅典。如果说他的一生有什么令人惊叹之处，那就是他向那些驻军萨摩斯的雅典寡头派别传送信息的无耻行径。虽然他没有犯下破坏赫尔墨斯神像这一罪行，但没有人比他自己更清楚，正是因为他的无礼傲慢让人忍无可忍，才激怒寡头们犯下这一罪行。他还清楚地知道，如果他从西西里被召回受审时，能够证明自己无罪，或者如果他坦率地承认罪行，并保证不再犯，那么他在议会中的影响力就不会变弱。明知这一切，还是告诉寡头们，他被放逐是因为平民的缘故，只要无耻的民主政体继续存在，他就不会踏上家乡的土地。当然，这个说法并没有传遍整个军队。阿尔西比亚德斯向寡头们保证，如果他能回到寡

阿尔西比亚德斯给驻军萨摩斯的寡头的建议

头政体下的雅典，一定会积极建立雅典与提萨斐尼的友谊。萨摩斯军营的使者给阿尔西比亚德斯带来了回信，他告诉使者，波斯国王急于与雅典结盟，但雅典的民主政体使他无法信任雅典公民。使者上当了，他们没有要求阿尔西比亚德斯提供证据，以证明波斯国王对雅典事务有浓厚兴趣，而是匆匆返回，告诉萨摩斯军营如今波斯国王的财富唾手可得，但有一个小条件，就是放弃放逐阿尔西比亚德斯的计划，以及对雅典的民主制度进行打击。

普律尼科司的反对

似乎只有一个人看穿了这些明显的谎言，那就是普律尼科司将军。他指出，波斯国王关心雅典是否是民主政体这一说法非常荒谬。他逻辑清晰，极具说服力。如果波斯国王对其中一方有所偏爱，那么一定是对伯罗奔尼撒人，而不是对雅典人。伯罗奔尼撒人几乎没有伤害过波斯，而雅典人却剥夺了他最宝贵的财产。长达三代人的历史教训得出的警示不能因为一场雅典内部革命而从他的脑海中抹去。他不知道革命爆发的原因，也不能预测其结果。普律尼科司想要努力消除人们可悲的错觉，即在雅典建立寡头政治将有助于维持和巩固加强其海上帝国的地位。明知镇压是敌人的唯一目标，却还是为了自己的利益而希望维持这种秩序，这简直荒唐到了极点。革命的爆发既不会让已经叛变的城市重新效忠雅典，也不会让任何一个盟友变得更加可靠。根据自己的经验，普律尼科司表示，在寡头统治者的专制制度下，雅典的盟友只会更加麻烦和不守规矩，因为这些出身高贵的统治者想要保证他们所谓的自由，他们为了自己的私利而逼迫人民采取暴力行动。更重要的是，他知道只有雅典的民众才能把盟邦团结在一起。盟邦的公民都很清楚，在寡

第六章 伯罗奔尼撒战争
从西西里远征失败到雅典四百人寡头政变

头统治者手下，他们不仅可能不经过公平的审判就被直接判处死刑，还有可能被用更加简单的方法直接解决，也就是秘密杀害。甚至在某些已经处于寡头统治下的国家，民众在法庭上接受审讯时，面对统治阶级会害怕得瑟瑟发抖。他们把雅典的民主制度当作对抗统治者的避难所。普律尼科司试图通过一些事实来警告聚集为伍的寡头们，让他们不要采取可能使他们自己和整个国家陷入毁灭的行动。此外，普律尼科司既不属于伯里克利派，也不属于厄菲阿尔特派，这让他的话更有说服力，也让他的警示更加难忘。如果我们相信修昔底德准确地记录了整件事情，那么就可以认为普律尼科司反对革命只是因为他决心让阿尔西比亚德斯远离雅典，当他不再有任何理由担心他的对手时，他结束演讲时所提出的反对观点并不妨碍他推进和加入寡头政治运动。

尽管普律尼科司发出警告，但密谋者们还是决定派佩桑德罗斯（Peisandros）和其他使者前往雅典。普律尼科司感觉到，现在罗得岛无计可施，波斯的援助必然会带来一股不可阻挡的力量。他决定将阿尔西比亚德斯的阴谋告知斯巴达海军将领阿斯提约科斯，从而破坏他的阴谋。但除了锡拉库萨人赫莫克拉提斯之外，阿斯提约科斯和他所有的同僚一样，都已经被波斯总督收买。普律尼科司直接来到马格尼西亚，将一封信放在阿尔西比亚德斯和他的资助人面前。阿尔西比亚德斯随即给他在萨摩斯的朋友写信，希望他们立即杀死普律尼科司。但是我们不知道为什么普律尼科司没有被杀死。普律尼科司再次写信给阿斯提约科斯，指责他失信于人，并主动提出把整个雅典的武装力量出卖给他，从而结束战争。普律尼科司知道，这封信也

> 普律尼科司和阿尔西比亚德斯的对抗策略

会被阿尔西比亚德斯看到。因此，他向军队宣布，敌人即将进攻营地，让军队火速加固营地。

雅典革命的进展

城墙加固完工后，军队收到了阿尔西比亚德斯的一封信，他说普律尼科司已经背叛军队，敌人马上就会来攻打他们。在之前的信中，阿尔西比亚德斯曾要求论罪处死普律尼科司，而现在这封信的唯一结果就是宣告普律尼科司无罪。在雅典，佩桑德罗斯及同僚的提议遭到了强烈的反对。有人反对改变政体，有人反对让一个藐视法律的人复位，而负责厄琉息斯秘仪（Eleusinian mysteries）的官员则认为这是对神灵的侮辱。佩桑德罗斯对这些反对的声音置若罔闻，他走到每个发言者面前悄悄问他们，如果波斯集中所有力量来对抗雅典，他们打算如何反抗，发言者们都沉默了。佩桑德罗斯继续向议会保证，改变政体将为他们赢得波斯国王的信任，与国家的安全相比，政体形式是小事一桩。如果在尝试寡头政治之后，他们发现并不适用，那么可以很容易地再恢复民主政治。一场持续近一代人的斗争带来了一连串的灾难，把人们折磨得心力交瘁。长期的恐慌很容易让人变得昏沉迟钝，从而相信佩桑德罗斯的只言片语。佩桑德罗斯告诉他们，如果他们无法下定决心承认自己被打败，波斯将为他们提供继续斗争所需的资源。雅典曾一度摧毁了波斯的舰队和军队，有效阻止了波斯的征服进程，并在半个多世纪里拿走了本可以充入位于索萨的波斯国库的贡物，如今波斯国王却急切地渴望与这样一个国家和解，没有人问这是为什么。人们轻信了佩桑德罗斯的话，决定派他带领十名官员去解决阿尔西比亚德斯和吕底亚总督的问题。

佩桑德罗斯知道，在出发之前，他在雅典还要做很多事情。

第六章　伯罗奔尼撒战争
从西西里远征失败到雅典四百人寡头政变

雅典的民主政体还没有被推翻，位于萨摩斯的军队仍然强烈反对改变政体。因此，必须为寡头机制建立秩序，否则民主政体的基础就无法被推翻。这些基础依赖于言论自由，如果可以压制言论自由，那么与之密切相关的政体形式就可以被有效瓦解。佩桑德罗斯走访了所有政治俱乐部及赫泰里埃（Hetairiai）同盟，与他们商定了一项行动计划，由支持他的领导者来执行。

在这些领导者中，修辞学家安提丰（Antiphon）是其中的佼佼者，他的职业虽然为他带来了巨大收益，但阻碍了他那奇特的、野心勃勃的性格。议会对那些自称是修辞学家的人非常嫉妒，认为他们把心思放在设计辩论和宣传的技巧上，因此与他们相比，普通民众处于一种不公平的劣势。安提丰不喜欢民主政体，部分原因可能是民众的情绪使他无法从事公共事务，但更多原因可能是出于他性格里的寡头倾向。在策划阴谋时，他投入了与高超能力相匹配的精力，以娴熟的技巧运用着暗杀机制。修昔底德的记录告诉我们，在私人生活中，安提丰性格和善，与家人关系和睦，与朋友交往真诚。简而言之，他具有尼西亚斯的可贵品质，对于支持寡头统治的修昔底德来说，这就足够了。在他眼里，安提丰的德行在同龄人中首屈一指。这个雇佣杀手的人不仅得到安菲波利斯的建造者哈格侬之子泰拉麦奈斯（Theramenes）的有力支持，而且还得到普律尼科司的支持。普律尼科司似乎相信一个人为了保命可以做任何事情。当阿尔西比亚德斯显然失去与寡头们一起返回雅典的机会时，他开始担心阿尔西比亚德斯作为民主政治的领导人可能对他怀有敌意。

佩桑德罗斯和其他使者一同抵达马格尼西亚，这让阿尔西

雅典寡头俱乐部的行动

修辞学家安提丰

比亚德斯感到不安,他认识到自己陷入一个陷阱。他现在发现,提萨斐尼实际上无意与雅典人达成任何明确的盟约。如今,他只剩一条路可走。如果他承认自己没有能力让波斯总督顺意而为,就意味着无论雅典处于何种政体的统治之下,他都失去了重返雅典的机会。他现在知道,在万不得已的情况下,他还能够向民主制度屈服。他必须让别人认为,谈判的失败是由于使者办事不力,而不是他的问题。为了做到这一点,每次在议会上,他都会抬高提萨斐尼开出的条件。第一个条件是把整个爱奥尼亚都让给波斯国王,第二个条件是让出爱琴海东岸的岛屿,与会的官员都表示愿意服从。阿尔西比亚德斯想提出更多羞辱性的条件,但黔驴技穷。这时他突然想到,如果坚持允许波斯国王在爱琴海保留一支庞大的舰队,或许可以达到目的。阿尔西比亚德斯还轻蔑地提出取消在卡利亚斯签署的和约的建议,激怒了在场的官员,他们感觉"自己被阿尔西比亚德斯侮辱和欺骗了",便离开了会场。寡头官员们对这些条件的拒绝让雅典军队得出结论,即阿尔西比亚德斯在内心深处倾向于民主制度,而且他既有权力也有意愿促成提萨斐尼与民主雅典的积极结盟。

阿尔西比亚德斯和寡头的决裂

然而,这位波斯总督突然主动转向了伯罗奔尼撒一方。如果斯巴达人和他们的盟友缺少资源,那么就可能成为危险的邻居。如果雅典人胜利,就可能重新建立雅典的海上霸权地位。因此,总督提出和斯巴达缔结一份和约,即把他在小亚细亚的财产都转让给斯巴达国王,让他自由地采取他认为最好的措施。这些条款表面上不那么羞辱人,但实际上几乎没有变化。按他的说法,波斯国王不仅可以自由地干预雅典的实际利益,还可

提萨斐尼与斯巴达的第三份和约

以干预色萨利、洛克里斯和维奥蒂亚的利益。换句话说,波斯国王可以随时入侵这些地方。这份和约还有一层隐含意义,那就是伯罗奔尼撒人不会对波斯设置障碍。

奥罗波斯背叛维奥蒂亚人后,这一年也走向终点。以阿拜多斯(Abydos)和兰普萨库斯(Lampsakos)叛乱为起点,新的一年开始了,这场疲惫的战争进行到了第二十一个年头。兰普萨库斯并没有设防,所以很快被斯特罗姆比基德收复。他同样想收复阿拜多斯,但无论是言语劝说还是诉诸武力都没有成功。萨摩斯的密谋者们卓有成效地完成了斯巴达的任务,他们从佩桑德罗斯那里得知,不能寄期望于提萨斐尼提供援助,也明白阿尔西比亚德斯是他们公开的敌人,他们很高兴能够摆脱一个不太可能做到完美配合他们的人。这个消息让萨摩斯的密谋者们更加坚定了决心,他们决定自己去完成计划,而不是像之前一样寄希望于提萨斐尼帮助他们来完成。他们撒谎说会援助雅典,从而哄骗雅典人民同意进行政治变革,虽然这些人并不情愿。他们决定,尽管不会援助雅典,还是要让雅典公民投降。事实上,萨摩斯密谋者们的愚蠢和疯狂是无止境的。他们认为,寡头政治可以巩固帝国,虽然普律尼科司早就严肃地警告过他们寡头统治下的帝国肯定会解体。在这种错觉下,他们派佩桑德罗斯和五位官员去雅典进行革命工作,并让他们在途中可能经过的所有城镇都建立寡头政治。

狄伊特里斐斯(Diitriphes)被任命为将军,带领剩余的五人前往色雷斯一带。他开展的第一项工作就是镇压萨索斯人民的政府,让寡头上台。两个月后,为了表示谢意,寡头们加固了萨索斯的防御工事,并公开加入雅典的敌对阵营。修昔底

阿拜多斯和兰普萨库斯的叛乱
公元前411年

萨索斯叛乱

德说，在这件事件后，其他地方也出现了同样的结果。除此之外，他还补充了一句，从不同角度来看，这句话与普律尼科司的警告非常一致。他告诉我们，寡头统治让人们清醒过来，激发了他们对真正自由的渴望，而不是满足于雅典寡头为他们安排的自由假象。换句话说，雅典的寡头们没有按照原则行事，他们的职责是解放雅典的从属盟友，让他们不再效忠雅典，并让雅典回到梭伦时期，即第一次崛起时的政治状态。

雅典的政治暗杀活动

在雅典，武力很快就扼制住了人们的言论自由。首当其冲的是一个曾经指控过阿尔西比亚德斯的人，在阿尔西比亚德斯前往西西里之前，他在所有指控者中表现得尤为突出。谋杀一旦开始，就不允许停止，直到达到目的。在议会上，先是寡头们发号施令，接着才讨论议题。这些议题的发言人派系不同，但发言的内容都是事先安排好的。同时，在议会厅围墙外设有一些受雇进行谋杀的年轻人，他们杀死那些可能给议会带来不便的公民，枪杀所有受欢迎的发言者。

恐怖统治

如果有人胆敢反对寡头的任何一项措施，就会立刻消失。社会秩序也受到了破坏。人们起初不敢相信这是曾经被自己视为朋友的人。这群人迅速而坚定地行动起来，导致了民主政权的崩溃，紧随其后的必然是人民的极度沮丧。五百人议事会没有被废止，如果有人胆敢离开元老院，那么他们的缺席就会被当作是对寡头改革的反对。事实上，公民的出席正是安提丰想要的，因为如果他们在场，就必须投票。而如果他们投票，就必须承担责任。因此，无论寡头们做什么，都要由公民投票决定。如果公民选择不经辩论就通过法令，那么他们就必须承担责任。遵纪守法本来是雅典人最明显也是最卓越的品质，但现在，却被寡头们巧妙地用作建

第六章　伯罗奔尼撒战争
从西西里远征失败到雅典四百人寡头政变　163

立和维持恐怖统治的工具。当这种恐怖快要达到顶点时，佩桑德罗斯和他的同僚们来到了雅典。他们的第一个提案是任命十名拥有绝对权力的委员，佩桑德罗斯是其中之一。为了改善雅典的治理，这些委员需要在指定的日期前提出一项计划。会议的地址不在普尼克斯（Pnyx），而是在忒墨诺斯，也就是科罗诺斯（Kolonos）的波塞冬地区。该地在雅典城门外一英里处。委员们没有进行开场白，也没有发表评论，而是直接指出，任何试图实施违法提案起诉法令的人（该法令旨在针对任何提议反对或采取实际行动反对现有法律的公民）都应该受到重罚。

第二个提案是废除兵役之外所有的官职和报酬，同时授权委员们选出五个人，这五个人再选出一百人，选出的一百人每人再提名三个人。总共选出四百人被赋予绝对的权力，取代元老院。只要他们愿意，就可以与五千名公民沟通协商，除此之外，他们的选举权将受到限制。但这五千名公民的住所不在雅典，而是在阿里斯托芬笔下的云雀仙境。整个事件就像一出傲慢无礼的闹剧，但最终还是被接受了，因为寡头们喜欢民众保持沉默，他们把沉默视为顺从。现在要做的是让暴君们进入代表克里斯提尼派别的元老院。在一队身手矫健的刺客的陪同下，推选出的四百人各自秘密携带匕首，从科罗诺斯来到元老院，命令元老们离开，并向他们支付剩余公务年限的工资。元老们领完钱就离开了。克里斯提尼的民主制度在伤害和耻辱中走向灭亡，取而代之的是旧式贵族统治的宗教团体。以梭伦为始，伯里克利为终，这一时期所积累的成果被毁坏殆尽，让位给狭隘古老的雅利安文明，而历史已经证明雅利安文明是危害所有政治健康发展的毒瘤。

"四百人会议"篡权

雅典帝国史
The Athenian Empire

阿吉斯攻打雅典失败

那些破坏雅典百年基业的叛徒们很快就会得到痛苦的教训。现在，寡头们镇压了民众，成为最高统治者，那么他们肯定能顺利地调解与斯巴达之间的斗争。于是，在德克莱亚，他们自信满满地向斯巴达国王阿吉斯提出建议，而阿吉斯则用不屑与沉默回应他们。阿吉斯不相信雅典寡头们能把事情做得像他们说的那么好，便亲自向雅典进发，希望能摧毁雅典城墙，但他发现自己错了。在阿吉斯回到德克莱亚之后，雅典四百人会议派出第二个使团，受到更为热烈的欢迎，并在得到他的批准后，派出使者前往斯巴达表明意愿。

萨摩斯镇压寡头活动

但是，斯巴达的暴君知道，只要他们不能与驻守萨摩斯的军队达成合作，就可以说没有任何收获。因此，出于谨慎，他们要求寡头们保证，他们的行动只是出于一种无私与慷慨，完全是为了城邦与帝国的利益。通过限制选举权，他们极大程度地节省了公共开支，而雅典的治理主体仍然是五千人，他们完全代表了全体公民的利益。但是，在负责传递这一信息的使者到达萨摩斯之前，叛徒们已经在那里建立起政治组织，类似安提丰在雅典建立的。

如果不是因为莱昂（Leon）和戴奥密敦（Diomedon）采取了防御措施，他们的任务很可能已经成功完成。这两个人是雅典根据佩桑德罗斯的建议派出的指挥官，以取代寡头普律尼科司。他们对雅典民主政体忠心耿耿，在部署好战船来防范寡头阴谋家后才离开萨摩斯。因此，当寡头们冒险想要通过武力解决问题时，遭到了坚决而成功的抵抗。正义的惩罚来了，这个违法乱纪的阴谋被一群领导者镇压。这群领导者被派去取代一个与密谋者为伍、被剥夺了指挥权的人。趁着群情激昂，驻守

第六章　伯罗奔尼撒战争
从西西里远征失败到雅典四百人寡头政变

在萨摩斯的雅典军队派出凯勒阿斯（Chaireas），让他率领三桨座战船前往雅典报告所发生的事情。然而，他们驶向的地方其实是狼窝虎穴。一上岸，有人就被扔进监狱，其余的人被安置在另一艘船上，被命令绕着优卑亚岛巡游。逃出后，凯勒阿斯赶到萨摩斯通知军队，雅典现在被僭主控制，僭主不仅折磨雅典公民，还凌辱他们的妻子儿女。事实可能被夸大了，但修昔底德对安提丰的罪行没有一句责备，还愤怒地指控凯勒阿斯在堆砌谎言，因为他的报告没有详尽到包含最微小的细节。

凯勒阿斯逃跑了，后来的结果表明，僭主们没有将他处死是个错误。在萨摩斯，雅典军队的每名士兵都庄严宣誓，将永远忠于雅典古老的民主政体，并且不与被他们斥为公敌的四百人打交道。不过，聚集在萨摩斯的公民做得更多。在一次正式集会上，人们裁定，因为雅典民主已经被暴力镇压，政府的合法治理需要公民自己进行，雅典公民实际上构成真正的雅典。因此，雅典公民行使公民权，罢免那些涉嫌参与寡头阴谋的将军和战船司令官，塔拉叙布鲁斯（Thrasyboulos）和塔拉叙鲁斯（Thrasylos）取代其中两名官员。他们以极其强硬的态度宣称，雅典已经背叛他们，那些与背叛行为无关的人无须为此感到耻辱或沮丧。一个无视法纪的小团体正在试图推翻雅典的既定政体，虽然他们幻想自己会成功，但与萨摩斯的公民相比，他们的处境十分不利。萨摩斯聚集了雅典的全部力量。为了撼动雅典帝国的根基，萨摩斯在叛乱时所做的事情完全超过了其他同盟城邦。现在，他们没有必要为了继续战争而改变自己的处境。不止如此，萨摩斯成为雅典军队和舰队的避难所，萨摩斯人也成了雅典人极其信任的朋友。正因如此，雅典人才会开

萨摩斯公民决定把雅典视为反叛城市

放比雷埃夫斯港口，向一个即将粮绝的城市输送物资。简而言之，雅典的阴谋家们让父辈建立的法律化为乌有，犯下了大罪，萨摩斯的公民有责任遵守这些法律并强迫这些叛徒遵守法律。

萨摩斯的雅典军队选举阿尔西比亚德斯为将军

这便是在萨摩斯的雅典人的态度，当"四百人"派出的使者到达提洛岛后，便听说雅典军队不会与寡头篡位者有任何瓜葛。他们担心阿尔西比亚德斯的影响力，所以没有进一步行动。不过，他们起初的担心似乎没有根据。绝大多数在萨摩斯的雅典人都强烈反对阿尔西比亚德斯复职。这时候，塔拉叙布鲁斯耗尽口才和精力，才说服他们同意雅典召回阿尔西比亚德斯。在萨摩斯的议会上，阿尔西比亚德斯的陈述介绍简直让人怒火冲天。与其说是因为这个头号叛徒编造了花哨的谎言，倒不如说是因为听众如此轻信。他对寡头们说过，在那些流放他的公民被镇压之前，他绝对不会踏上阿提卡的土地。但他对平民说，他把所经历的灾难完全归咎于不幸的命运；他对寡头们说过，他坚持认为只有推翻雅典的民主政体，才能完全赢得波斯国王的信任；同时他却用动人的语言对平民说，提萨斐尼十分渴望与民主政体下的雅典建立亲密的友谊。如果阿尔西比亚德斯能够复职，只要他口袋里还有一分钱，就绝对不会让雅典人忍饥挨饿。不仅如此，他还会提供金钱，如果必要的话，他还会变卖自己的银床置换钱币。但似乎没有人问，如果提萨斐尼如此渴望与雅典建立友谊，为什么他之前迟迟不表达自己的意愿。听众们津津有味地听完阿尔西比亚德斯的陈述，相信了他的话。在议会结束前，他被任命为将军，他还表示自己强烈希望立即航行到比雷埃夫斯港，惩罚那些颠覆民主政体的人。或许这一刻，阿尔西比亚德斯是发自真心地要帮助他的同胞，但他更渴

第六章　伯罗奔尼撒战争
从西西里远征失败到雅典四百人寡头政变

望让提萨斐尼感受到他作为雅典将军的伟大。因此，他强烈劝阻公民们不要走他们内心认定的路线。

在阿尔西比亚德斯出发去马格尼西亚之前，出于担心而在提洛岛逗留的寡头们出现在萨摩斯的公民面前。迎接他们的是一场愤怒的风暴，他们的生命都陷入了危险。最终，他们得到允许可以发言。他们急切地解释自己被凯勒阿斯的谎言欺骗了，并强烈地质疑他的谎言。他们还说自己无意伤害雅典公民的妻子和儿女。但是，他们把蹩脚的道歉说得磕磕绊绊，对于谋杀雅典民主政体的效忠者这件事，他们小心翼翼地保持沉默。这反而激怒了听众，其中大多数人坚持要求立即返回比雷埃夫斯港，中止叛徒们的工作。但是，正如我们所见，这个计划与阿尔西比亚德斯的计划相冲突。根据阿尔西比亚德斯的提议，萨摩斯的雅典公民能够做的只有一件事，那就是让寡头派来的使者回去，告诉他们必须把抢来的权力交还给五百人议会。如果"五千公民统治雅典"是事实，寡头们就不会拒绝这个要求。如果雅典能够缩减开支，帮助在萨摩斯的雅典人更有力地继续战争，他们一定会对雅典城内的同胞表示感谢。

萨摩斯遣返"四百人会议"的使者

雅典的篡位者开始担心自己无法控制脚下的土地，他们感觉到雅典人民急于摆脱他们的枷锁。他们知道，在萨摩斯还有雅典人不肯妥协，这些人是他们必须对付的敌人。有些寡头已经发现，对他们个人而言，寡头统治并不像他们想象的那样有利可图，其中最突出的是泰拉麦奈斯。但是，这些寡头处于一个人人为己的集体中。现在，寡头集体中的人应该学会接受，让"五千公民统治雅典"成为现实，也就是恢复雅典的民主制度。因为到目前为止，"五千人"其实是个不确定的数字，所

"四百人会议"加固亚提翁尼亚的防御工事

以在今后会继续保持不确定。总之，寡头统治的势头在减弱。泰拉麦奈斯正在思考如何成为民众反对派的领袖。此时，他的同僚们正全心全意地设法篡夺"四百人会议"的权力，他们认为，如果要平息民众用来威胁他们的抵抗活动，就必须诉诸武力。寡头们派遣以普律尼科司和安提丰为首的使者前往斯巴达，要求他们不惜一切代价达成和平。而他们在雅典城内的同伴则开始为敌人准备地方。一个被称为亚提翁尼亚（Eetionia）的防波堤口缩小了比雷埃夫斯港的入口，提供了一个可以设防的开放空间。对于雅典暴君来说，在这里修建坚固的工事是极大的便利。不仅因为这些工事可以方便他们把斯巴达人送进港口，更是因为这些工事可以用来应对来自雅典内部的攻击。寡头们还采取一项防御措施，那就是在一片两端开放的宽阔空间上筑起一道墙，如此，这片空间的大部分范围就纳入了寡头的据点。所有运到港口的玉米都被运进这个封闭的空间，而这个城市每天购买食物的人都要取决于"四百人"的意愿。

暗杀普律尼科司

斯巴达人除了按照条款占领土地之外确实无计可施。雅典寡头派来的使者态度很谦卑，这让斯巴达的五监察官担心可能会跌入陷阱。雅典承诺允许前往优卑亚岛的斯巴达舰队通过雅典港口，除此之外，斯巴达什么也没有得到。听说斯巴达舰队即将到来，泰拉麦奈斯公开谴责了在亚提翁尼亚修建堡垒的行为，这座堡垒其实是与斯巴达合作的一部分。使者的归来更深地刺激了人们。这天中午，在一个开放的集市上，普律尼科司被一个刺客暗杀了，而杀人犯却逃之夭夭。看到没有因为这一罪行而受到惩罚，泰拉麦奈斯变得更加大胆，坚持认为斯巴达舰队已经来到埃伊纳，并在埃皮达鲁斯撤退，所以不可能直接去优卑亚岛。

带着无法控制的兴奋，重装步兵开始摧毁他们曾经帮助修建的堡垒，并邀请所有希望以"五千人统治"取代"四百人议会"的人加入这一任务。现在，寡头们必须采取这个神秘的方案，因为明确否认这个看不见的伙伴的存在也许是轻率的，这样可能会在他们希望只有朋友的地方制造对手。

第二天，来自比雷埃夫斯港的重装步兵在阿纳基翁（Anakeion），即雅典卫城北侧的迪奥斯库罗伊圣地（Dioskouroi）驻扎。雅典公民以异常温和的态度接受了折中方案，即四百人议会保证公布五千人的名单，并将元老院的任命权移交给更大的主体。公民大会将在狄俄尼索斯剧院（the theatre of Dionysos）举行，日期已经确定。那一天，当议会宣布斯巴达舰队出现在萨拉米斯海岸附近时，辩论几乎已经开始。人们怒气冲冲地奔向比雷埃夫斯港。看到不可能进行突袭，斯巴达指挥官继续向东航行。雅典人明白了，斯巴达海军中队的目的就是掩护优卑亚岛的叛乱。现在，阿提卡已经四面楚歌，对雅典人来说优卑亚意味着一切，他们必须不惜一切代价去保卫它。因为寡头的背叛，他们无法获得那支在萨摩斯的雅典精锐部队的援助，而这支军队本可以为恢复理智的雅典出击应战，这让他们感到可悲和心痛。在斯巴达领导者到达奥罗帕斯几个小时后，三十六艘雅典战船迅速组成舰队，驶达埃雷特里亚（Eretria）。泰摩查利斯（Thymochares）希望能及时为饥饿、疲劳的士兵补充营养，但埃雷特里亚人故意让集市空着。泰摩查利斯的人为了寻找食物甚至走到了城市的尽头，这时埃雷特里亚发出信号，召唤斯巴达人进攻。雅典人赶紧回到

摧毁亚提翁尼亚堡垒

优卑亚岛的叛乱和损失

岸上,竭尽全力交战。在这场战斗中,雅典舰队三分之二的船只落入敌手,士兵全部被杀或被俘,他们的舰队可以说已经被摧毁。优卑亚岛的叛乱促成了谋杀者的大业,这些谋杀者如今正在议事厅冷静地看着他们亲手谋划的这一切。

根据寡头们的理念,他们可以承受这样做的后果。但对于人民来说,优卑亚岛的叛乱仿佛世界末日,他们的生命之血都因此倾泻不止。驻守在萨摩斯的雅典舰队不能离开岗位,几乎没有一艘三桨座战船留在荒凉的比雷埃夫斯港。雅典确实失去防御了,不过巨大的灾难还要等一段时间才会到来。雅典得以喘息是因为斯巴达人行动缓慢、思维迟钝。正是如此,对于行动敏捷、头脑灵活的雅典人来说,斯巴达人才成为雅典最容易制服的敌人。雅典人只能凑出二十艘战船,但令人高兴的是,他们不用去应付敌人,所以可以把心思放在恢复秩序上。

镇压"四百人会议"

在普尼克斯举行的会议上,四百人会议被正式罢免,取而代之的是所谓的五千人会议。不过,并没有人要试图公布这五千人的名单。寡头阴谋家们本来想借"五千人"的名头巩固自己的权威,如今却涵盖了全体公民。这个可悲的阴谋终于被扼杀,雅典再次回到克里斯提尼和伯里克利的民主政体之下。

雅典恢复民主政体

就这样,雅典在生死存亡之际清醒冷静地完成了一场变革,重新确立了法律至高无上的地位,这得到了修昔底德的热情赞美。对于"四百人"来说,他们的篡权行为被同一阵营的人镇压,这的确是一件幸运的事。如果泰拉麦奈斯和他的帮手们没有参与恢复民主制度,雅典人民就可以自由地搜寻并惩罚那些雇佣杀手进行暗杀的真正凶手。事实上,寡头们被指控,是因为他们向斯巴达派遣了最后一个使团进行无条件求和。这项指控的提出者是泰拉麦奈斯，他以自己的未来为代价，作为指控者站了出来。但在被指控的人中，普律尼科司的罪行是尘世法律所管不了的。其他人，包括最精明的寡头政治领导人，在看到大厦倾覆时已经逃走了。只有三个人留在雅典，其中两人一度以为他们的罪行可能被宽恕。安提丰一定也明白自己犯下了不可饶恕的罪行，但他的勇气、胆量与精明、智慧并不匹配。雅典通过了逮捕和审判这三个人的法令，但是在逮捕他们之前，其中一人已经逃跑了。

安提丰和阿刻托勒摩斯（Archeptolemos）先是被审讯，然后被判刑，最后被处决。曾经在雅典法庭上发表的许多演讲，都出自现在站在法庭上的杰出的修辞学家安提丰，他以个人名义发表的第一篇演讲是为自己生命的辩护。安提丰的演讲无愧于他的盛名，连修昔底德都认定，所有为死刑犯进行的辩护都没有他的精彩。据说，诗人阿加顿（Agathon）对安提丰的精彩演说表达了热情的赞美，安提丰也向他保证，他的赞美足以抵消人们对他的负面评价。虽然安提丰的雄辩给法官留下了深刻的印象，却没能说服法官。如果说有哪位演说家最不应该去说服他的听众，那么这位演说家就是安提丰。

安提丰受审并被处死

此时，提萨斐尼和盟友斯巴达的关系十分微妙，一方心存疑虑，而另一方心怀不满，并且这种不满迅速转变成愤怒。近三个月来，伯罗奔尼撒的舰队一直停留在罗得岛，没有采取任何行动。他们听说雅典寡头与公民在萨摩斯进行的斗争，再看看自己拳脚被束缚的状态，感到更加愤怒。最后，阿斯提约科斯发现自己不得不采取行动，他带领一百一十二艘战船向敌人发出挑战。雅典人只有八十二艘战船，拒绝了他的挑战。

斯巴达舰队在罗德岛停滞不前

斯巴达人对提萨斐尼感到厌倦了,派克莱尔库斯(Klearchos)带领四十艘战船去找驻守在赫勒斯滂的波斯总督法尔纳巴祖斯。尽管他的舰队被赶回米利都,但他自己却从陆路去了赫勒斯滂。他的麦加拉同僚则带领十艘战船驶向拜占庭,促成了这座城市的叛乱。两位将军的离开丝毫没有改善驻扎在米利都的伯罗奔尼撒营地的状况。不仅是赫莫克拉提斯,甚至是其他收受贿赂而一直保持沉默的人,都告诉阿斯提约科斯,如果士兵陷入饥饿状态,就避免不了经受压力。西西里的盟友表明,他们不会再任人愚弄。实际上,阿斯提约科斯犯了一个错误,那就是袭击了罗得岛人多里厄斯(Dorieus),多里厄斯指挥着来自突黎瓦的战船,他躲进邻近的一个祭坛中避难才保住了性命。米利都人坦率地说,他们曾经渴望自治——自治比雅典所许可的独立还要独立,而保护他们免受波斯税官侵害是获得独立的基本条件。锡拉库萨人十分同意这些观点,斯巴达官员利卡斯则强烈地表示抗议。他说,只要战争还在继续,如果有必要,他们甚至需要讨好波斯总督。因为波斯有钱,而他们没钱,所以在摧毁雅典帝国之前,小亚细亚的希腊人必须讨好那个只要称心就会给他们钱的人。如果说米利都人对这样的欺骗感到愤怒,那么国内的斯巴达人也对斯巴达军队在东方的不作为感到无可奈何。因此,明达鲁斯(Mindaros)受命前去取代阿斯提约科斯。

提萨斐尼和阿尔西比亚德斯的阴谋

提萨斐尼看着自己的斯巴达朋友如此愤怒,他却沉着冷静,泰然自若。他邀请利卡斯陪同他前往阿斯班多斯(Aspendos),以便与腓尼基的舰队一起返回。这支舰队确实在那里,但是,提萨斐尼的提议只是一个争取时间的新把戏。让船只在潘菲利

第六章 伯罗奔尼撒战争
从西西里远征失败到雅典四百人寡头政变

亚海岸停留了一段时间后，他又把它们派出。但是，如果提萨斐尼欺骗了利卡斯和明达鲁斯，这其实是在弄巧成拙。他并不打算进一步激化斯巴达阵营中的不满情绪，他希望能够避免这种结果，但阿尔西比亚德斯却坚持认为这是不可避免的。他清楚地知道波斯总督无意让腓尼基舰队采取行动，于是他急切地想抓住机会向萨摩斯的雅典人承诺，他会让腓尼基舰队来帮助雅典，即使不成功，他也会阻止这些战船去帮助雅典的敌人。在前往阿斯班多斯的航行中，他小心翼翼地炫耀着自己与波斯总督的亲密关系。看到舰队被遣走，雅典人相信这一切是因为阿尔西比亚德斯的影响力。伯罗奔尼撒人也相信这一点，他们对提萨斐尼的背叛行为更加愤怒。在这段时间里，阿尔西比亚德斯仍然是战争中最重要的人物。

腓尼基舰队离开后，明达鲁斯决定把部队转移到法尔纳巴祖斯的辖地。但一场强劲的风暴袭来，把他带到了南方，被耽搁一个星期，才向希俄斯岛出发。雅典将领塔拉叙鲁斯希望能在明达鲁斯北上的途中拦截他。然而，他自己却被命令前往再次反叛雅典的莱斯沃斯城市埃雷索斯，他为全力围攻埃雷索斯进行了准备。他相信自己可以通过报告一五一十地了解明达鲁斯的动向。突然，烽火向驻扎在莱斯沃斯的雅典中队发来警告，敌人的舰队已经通过西吉翁（Sigeion）海峡的入口。这支舰队之所以能逃过一劫，完全是因为明达鲁斯下令让在阿拜多斯守卫的十六艘战船留在了原地。雅典的三桨座战船因此得以不受干扰地驶向埃莱厄斯（Elaious）。在这里，有四艘战船被明达鲁斯的舰队从主力队列中截断，其余战船加入塔拉叙鲁斯的舰队，这使雅典的船只数量增加到七十六艘。这场战斗的准

明达鲁斯航行至赫勒斯滂

备工作花了五天时间，这充分证明了雅典作战技术的退步。在一个宽约两英里的海峡里，他们打算用八十艘战船作战，而如果是弗尔米奥，会认为这个空间甚至不够操控二十艘战船。正如我们知道的那样，这场战斗的细节与波斯战争时期的早期战术相差无几。

雅典人在基诺塞马的胜利

双方的主要目标都是包抄敌人。明达鲁斯率先行动，他试图从雅典人的西面绕过去，但塔拉叙鲁斯预见到他的行动，同时塔拉叙布鲁斯试图包抄锡拉库萨海军中队，绕过了基诺塞马（Kynossema）岬角，从而远离海角西面激烈的战斗。这样一来，雅典舰队的指挥中心因为兵力弱而处于危险之中，而伯罗奔尼撒人在无遮蔽的船只上被击倒。最后，伯罗奔尼撒的舰队被赶了回来，二十一艘战船落入敌手，而雅典损失了十五艘战船，所以最后赢了六艘战船。

雅典的狂喜

与弗尔米奥和狄摩西尼的伟大功绩相比，这场胜利确实微不足道。但对雅典人来说，当他们被一连串几乎无休止的灾难打击之后，这场胜利对他们的精神产生了巨大的影响，其影响力几乎不亚于雅典在曼提尼亚对战斯巴达所取得的胜利。两次战役中，一个声名扫地的民族都恢复了自尊。对雅典人来说，现在的结果更鼓舞人心，因为它是一种正当的结果，即雅典在经历"四百人"蓄谋已久的篡权行为后恢复了民主政体。一艘三桨座战船把这个好消息带回雅典，并受到热情的欢迎。长期以来笼罩在雅典身上的阴云突然被驱散了，雅典人终于感到，渴望取得战争的胜利不再是一种自以为是、不切实际的妄想。

第七章
伯罗奔尼撒战争
从基诺塞马战役到雅典投降

第七章 伯罗奔尼撒战争
从基诺塞马战役到雅典投降

在这场逐渐接近尾声的战争中,基诺塞马战役并不是雅典舰队赢得的最后一场胜利。但西西里远征后的整个战争历史表明,雅典帝国已经走到尽头,即使再辉煌的胜利也难以让其维持下去。这不仅是因为雅典舰队和军队都被摧毁,还因为雅典的收入变得不稳定。雅典卓越的航海技术曾经让赫勒斯滂、西西里和非洲都闻风丧胆。雅典本可以成功地应对这些困难,甚至可以弥补因航海技术的衰退而造成的损失。但是,如果雅典要想做到这一点,就必须获得广大盟友的信任。如果这些盟友不是从心底相信与雅典结盟符合他们的利益,那么这场战争显然只有一个结果。但完全信任雅典的只有萨摩斯。与雅典结盟是对独立原则的违背,甚至对希腊民主团体来说,保持独立具有飞蛾扑火般的魅力。但在所有同盟城邦中,有的城邦对雅典既憎恨又畏惧,因为他们知道雅典法庭会对他们反复犯下的罪行进行惩罚。只是这一点就足以撼动雅典的帝国根基。当雅典人自己背叛了民主政体,破坏了对所有公民一视同仁的法律,并针对异议者动用武力,以压制被人们视为生命之源的言论自由时,维护帝国的所有希望都消失了。虽然萨摩斯的雅典公民通过坚决抵抗,压制住了这个用心险恶的阴谋,但是留下的创伤永远不会愈合,其中最致命的是人们对法律形式和法律程序的尊重大不如前。在早期,雅典凭借遵纪守法的美誉传遍希腊城邦,乃至世界上的其他城市。事实上,想实现雅典帝国的理想,起初就不可不颠覆古希腊和雅利安文明最为珍视的原则。而对于这种变化,希腊并没有做好应对的准备。最后,雅典向世界展示了一种政体,这种政体可能是雅典结束各个孤立氏族之间深久积怨的方式,也是将分布在不同土地上的城邦居民整合为

雅典人性格的变化

一个民族的手段。此时，雅典开始走向衰落。

提萨斐尼到达赫勒斯滂

的确，导致雅典衰落的是某些雅典公民的堕落。基诺塞马之战开始后，雅典所取得的一切胜利最能说明这一点。如果单独来看，这些胜利中的任何一个放在三四十年前，或许都不值一提，但它们合在一起就共同展示了一种恢复的力量，这在任何时代或国家都是很少见的。提萨斐尼陷入强烈的恐慌情绪，他匆匆赶往赫勒斯滂，希望能够恢复正迅速从他身上失去的影响力。目前，他狡猾的计划只对阿尔西比亚德斯有利。腓尼基舰队的解散为阿尔西比亚德斯提供了一个借口，让他能够宣称自己比以往任何时候都更支持雅典的事业。在哈利卡尔那索斯（Halikarnassos），他则可以加重罚金。

阿尔西比亚德斯在达达诺斯海湾战胜斯巴达人

在赫勒斯滂，阿尔西比亚德斯在一场战斗中做出有利于雅典的决定。清晨，多里厄斯在达达诺斯（Dardanos）海湾被击败，战斗由此开始。一直到白天，明达鲁斯的舰队仍在继续这场战斗。雅典人利用敌军的三十艘战船收复了自己被缴的三桨座战船，然后驶向他们在莱斯沃斯的驻地。然而，他们在赫勒斯滂只保留了四十艘战船，其余的被派去四处收集资金。因为战争需要，雅典人不再遵守秩序征收贡金，他们的行为逐渐变得随意无序。同盟城邦的态度也从冷漠或友好转向深恶痛绝，甚至是强烈的愤怒。

雅典人在基齐库斯获胜 公元前410年

即使在二十年前，这样的胜利也会产生重大的结果。塔拉叙鲁斯现在能做的就是向雅典求助，争取更多的战船和士兵。被派去援助他的舰队游荡于雅典的同盟城市或其他城市，士兵们要么强索，要么抢掠，几乎无视法律。当泰拉麦奈斯到达色雷斯克森尼索（Chersonesos）北侧的卡尔迪亚（Kardia）时，他发现阿尔西比亚德斯不再是提萨斐尼的朋友，而是一个被驱赶的逃亡者。在阿尔西比亚德斯的陪同下，雅典的将军们决定攻打明达鲁斯。此时，明达鲁斯正忙于围攻基齐库斯（Kyzikos）。为了躲避伯罗奔尼撒的护卫舰，这些雅典人在夜间驶过阿拜多斯。他们还采取进一步的预防措施，扣押所有经过的船只，以防他们靠近明达鲁斯的消息传到斯巴达海军司令那里。第二天，阿尔西比亚德斯坦率地告诉大家，现在不能再寄希望于波斯可以提供帮助，还警告他们必须同时承担海战、陆战和围攻的任务。据说，当天的战果是阿尔西比亚德斯利用诡计取得的。他和同僚们相互配合，假装战斗，引诱明达鲁斯的海军中队与整支舰队脱离，然后在悬挂信号旗的时候突然转身进攻。无论如何，雅典人已经取得了胜利。明达鲁斯在岸上英勇搏斗，最终被杀死。在当前资源枯竭的情况下，相比于缴获伯罗奔尼撒的战船，更重要的是掠夺大量的斯巴达和波斯阵营中的奴隶及其他战利品。但是，如果要长久保持战果，雅典人就必须控制黑海和爱琴海的所有入口。拜占庭和卡尔克登（Chalkedon）都已叛变，所以目前雅典无法做到这一点。但雅典加固了卡尔克登的港口克里索波利斯（Chrysopolis），这样一来就能对所有进入普罗庞提斯的船只征收关税，从而掌控这条向雅典输送物资的重要通道。

在基齐库斯战役结束几小时后，斯巴达海军上将的秘书希波克拉底给斯巴达官员们写了一封信，在信中他写道："荣耀已经逝去，明达鲁斯已经牺牲。士兵们都在挨饿，我们手足无措。"但是这封信被截获并被带到了雅典。在雅典，盛大的宗教游行和表演足以体现人们的喜悦之情。据说，斯巴达的一个

胜利的影响

使团很快就来到雅典求和。如果他们的条件仅限于交换俘虏和撤回在对方地盘的驻军——也就是斯巴达人退出德克莱亚，雅典人放弃皮洛斯——那么伯罗奔尼撒人就不会因为他们的失败而大失所望了。虽然伯罗奔尼撒人感到气馁，但是波斯总督法尔纳巴祖斯绝没有这种失落的情绪，他承诺会无限制地供应来自伊达山（Ida）的造船木材，还为明达鲁斯的每位士兵准备服装，并提供两个月的食物，同时为斯巴达打造一支舰队，规模与其在基齐库斯战役中损失的舰队相当。

斯巴达从雅典手中夺回皮洛斯和尼塞亚
公元前 409 年

接下来一年发生的事情并没有从本质上改变参战者的地位。雅典人在以弗所附近被击败，但是在麦提姆纳打败了锡拉库萨人，又在兰普萨库斯打败了法尔纳巴祖斯，还在那里筑起了坚固的防御工事。雅典人为了挽回在东方遭受的损失付出了巨大努力，这使斯巴达人认为，现在强攻皮洛斯很可能成功。雅典派阿尼托斯（Anytos）率领三十艘战船前往皮洛斯支援（阿尼托斯后来指控苏格拉底），他回到雅典后说风暴天气阻止了他越过玛利埃（Maleai）海角。阿尼托斯失败后接受了审判，但被判无罪。他能免罪并非是因为没有罪责，而是因为陪审团的腐败。许多雅典公民都在外服役，这让每个法庭的人数都大幅减少，少到行贿者可以应付自如，而长期以来的贫困压力可能使其余人也这样。麦西尼亚人逃跑后在皮洛斯坚守了一段时间，最后被迫投降，才让自己安全离开这片土地。如果他们没有对斯巴达人投降，斯巴达人绝不会让他们活着离开。在失去这个前哨基地之后，雅典又失去了尼塞亚。这两场灾难对雅典的影响巨大，甚至超过了雅典毁灭赫拉克利亚殖民地后，对斯巴达人造成的影响。

第七章 伯罗奔尼撒战争
从基诺塞马战役到雅典投降

在新一年的开始,雅典人取得了两场胜利,这似乎预示了战争会有好的结果。卡尔克登被迫沦为向雅典缴纳贡品的盟友,并补齐了在叛乱期间欠下的贡金。拜占庭投降后,雅典拥有了一条新的道路。这条道路可以将黑海沿岸玉米地中的财富都运到雅典港口。法尔纳巴祖斯提出签订一份协约,表示愿意把雅典使者送到索萨。这份协约是个好兆头,预示着雅典可以用对自己有利的方式解决争端。法尔纳巴祖斯曾全身心辅助斯巴达,现在却必须承认,即使有了波斯人的资助,斯巴达也没有取得任何成功,反而退步了。对于一个看重金钱的君主来说,法尔纳巴祖斯这样冷静的报告可以说很有分量。

雅典失去卡尔克登和拜占庭

雅典使者在途中遇到了斯巴达使者。斯巴达使者带着一封盖有王室印章的信,信中任命波斯国王的小儿子小居鲁士为小亚细亚所有军队的领主,并请求他尽其所能地帮助斯巴达人。

小居鲁士到达爱琴海海岸

这位波斯王子被送到爱琴海海岸后,斯巴达海军将领莱山德(Lysandros)不仅多了一个盟友,还多了一个朋友。莱山德表示,希望斯巴达可以充满活力地继续战斗。小居鲁士回答说,如果他带来的五百塔兰特不够用,用波斯人的比喻来说,他可以将自己的银制王座换成钱币。士兵们从小居鲁士那里获得了更高的工资,还收到了之前的欠款。莱山德小心翼翼地带来几个雅典同盟城邦的寡头政权首领,组成俱乐部,并要求他们按照自己的命令行事。

莱山德与寡头俱乐部
公元前407年

与此同时,阿尔西比亚德斯正在努力返回雅典。他已经航行到吉莱奥恩(Gytheion)的拉科尼亚港,想探听那里计划造多少艘战船。当他还在犹豫接下来的路线时,他收到了被选举为雅典将军的消息。他的朋友向他保证,前方的路途既畅通又

阿尔西比亚德斯回到雅典

安全。驶入比雷埃夫斯港后，这位流亡者一定想起了他一连串的背叛行为。因为他在三桨座战船的甲板上站了一会儿，迟迟不敢登陆，直到朋友们前来迎接他。他们将他一路护送至雅典。民众聚集在一起，来看这个七年前带领雅典史上最强大的军队离港启航的人物。阿尔西比亚德斯的朋友们迫不及待地想让他了解这群民众的想法。他们不得不承认阿尔西比亚德斯是罪魁祸首，正是因为他，雅典才会在他离开后不断遭受灾难，直到现在还被各种危险所威胁。如果不是这样的话，他们会更加兴高采烈地谈论其他人的观点：正是因为阿尔西比亚德斯的胜利，他们才能摆脱绝望，重拾乐观与信心；在他流亡的几年里，他迫不得已沦为奴隶，他的生命每天都处在危险之中；在那段疲惫的日子里，他唯一的悲哀是无法如愿地造福雅典。

但是，他也做出对雅典不利的事情，他曾经在锡拉库萨竭尽全力地摧毁雅典舰队和军队；他曾经让敌军在雅典土地上驻扎，并在"四百人"中点燃了篡权的火苗。想想他做过的这些事，如今竟然还能这样评价他，这是多么厚颜无耻啊。而所有性情温和的人都会认为，除非人们还把他视为敌人，否则不应该再为过去的事情谴责他。如果他们不能真正信任他，只要他继续履行公民、政治家和将军的职责，他们至少不应该要在他前进的道路上设置障碍。在举行议会之前，阿尔西比亚德斯表现得很好，也因此拿回被没收的财产，那块刻有他死刑判决的石板也被扔进大海。厄琉息斯秘仪再次出现，为他提供了一个表现机会，而他肯定会抓住这个机会。七年来，沿着圣路举行的游行活动被取消，领受圣餐者和他们的圣器一起被运到了厄琉息斯。现在可以说，那个曾经被指控亵渎秘仪的人像和平时期一

第七章 伯罗奔尼撒战争
从基诺塞马战役到雅典投降

样领导着游行队伍，沿着古老的道路安全行进。雅典城门处一片盛况，因为所有符合服兵役年龄的公民都守在门口，德克莱亚的驻军便没有发动攻击。

阿尔西比亚德斯离开雅典的时候，所受到的热情接待冲昏了他的头脑。到达萨摩斯后，他收到消息说小居鲁士也来到这里，还给予斯巴达大力支持。他请求提萨斐尼向小居鲁士强调，波斯需要维持雅典和斯巴达之间的势力平衡，但并未成功。于是，他加入了塔拉叙布鲁斯的队伍，当时塔拉叙布鲁斯正在加固福凯亚（Phokaia）的防御工事。阿尔西比亚德斯将舰队交给领航员安提奥科斯（Antiochos）负责，并严令在他不在的时候避免所有与敌人的交战。阿尔西比亚德斯和两名副手带着两艘三桨座战船出航，傲慢地从驻守在以弗所的斯巴达舰队面前经过。随后，莱山德带领几艘战船追赶阿尔西比亚德斯，安提奥科斯则率领更多的战船前来应战。

莱山德打败安提奥科斯

但是，雅典舰队在行进时漫不经心、秩序混乱，结果损失了十六艘三桨座战船，安提奥科斯也战死了。

阿尔西比亚德斯被剥夺指挥权

对阿尔西比亚德斯来说，更不幸的是，他还攻击了属于雅典同盟的库梅（Kymê）。库梅人向雅典议会提出申诉，阿尔西比亚德斯被剥夺了指挥权，随后他回到了克森尼索的防御据点。

科农（Konon）被派去接替阿尔西比亚德斯。到达萨摩斯后，看到士兵情绪如此低沉沮丧，科农深感震惊。雅典舰队的效率越来越低，除了掠夺以外，他们几乎没有其他收入。因此，他把三桨座战船的数量从一百艘减少到七十艘，挑选出最好的桨手，将其余的士兵送走。但是，也许由于莱山德在此时被召回，科农才避免遭遇一些巨大的灾难。接替莱山德的是卡利克拉提

卡利克拉提斯接替莱山德遇到的困难
公元前406年

达斯（Kallikratidas），他成为科农的新对手。他不相信斯巴达通过与波斯国王勾结就能够摧毁雅典，他认为事情不会这么容易。卡利克拉提达斯甚至很清楚，希腊各城邦在八十年前就决定要与波斯蛮族斗争到底，所以他们绝不会鹬蚌相争，让共同的敌人坐收渔翁之利，他们还有更重要的事情要做。卡利克拉提达斯对这场持续了二十四年的苦战感到惋惜，不过他发现，眼前的人并不愿服从自己。他召集军官并告诉他们，他来到这里并非是出于自己的意愿，但既然已经到了这里，就必须听从国家的命令。如果他们不愿服从，他将立即返回斯巴达，将以弗所的情况一一上报。面对这样强硬而直接的要求，军官们只好同意听命于他。随后，卡利克拉提达斯去找小居鲁士，要求他支付海军费用。小居鲁士让他等两天，这让他感觉受到了羞辱，并为此痛苦不已。他开始哀叹希腊人的悲惨命运，希腊人竟然为了金银财富，对波斯暴君俯首帖耳，这是多么悲哀的事啊。他还声称，如果能够获准回到斯巴达，他将尽其所能，结束雅典和斯巴达之间的残忍战争。

科农的军队被封锁在米蒂利尼

心中怀揣着这样宽厚仁慈的希望，或者说是渴望，卡利克拉提达斯在敌人面前表现得势不可当。他率领舰队追赶科农，一直追到米蒂利尼，科农的七十艘三桨座战船中损失了三十艘。士兵们幸运地逃到岸上，却发现自己被封锁在一个完全无法获得补给的地方。除非科农能让雅典知道他的位置，否则只能尽快投降。科农从舰队中挑选出最好的桨手，将他们安排到两艘三桨座战船上，希望把他们顺利送出去，等了四天却没有任何机会。第五天，斯巴达士兵在中午用餐时分散开来，结果证明，这种情况对雅典是有利的。雅典的两艘战船立刻开始行动，以

第七章 伯罗奔尼撒战争
从基诺塞马战役到雅典投降

最快的速度分别驶向港口的南北两个入口，但只有一艘成功逃了出去。这艘战船先到达萨摩斯向戴奥密敦汇报情况，然后将消息带去雅典。戴奥密敦只带了十二艘三桨座战船就匆匆赶去援助科农，结果损失了十艘战船。雅典人听到消息后，抗敌的精神愈发坚定。所有人，无论是自由人还是奴隶，只要到了服兵役的年龄，都被征召入伍，组成一支拥有一百一十艘三桨座战船的舰队。这支庞大的舰队用一个月时间就赶到爱琴海。到达萨摩斯后，有十艘战船加入舰队。在接下来的航程中，雅典的盟友们又提供了三十艘战船。雅典将军们带领这一百五十艘战船在阿吉纽西群岛（Argennoussai）占领据点。

卡利克拉提达斯把五十艘战船留给了厄特翁尼卡斯（Eteonikos），用来封锁科农的舰队，然后带领一百二十艘战船驻扎在距离阿吉纽西西部大约十英里处的马里阿海角（Malean cape）。午夜时分，卡利克拉提达斯准备突袭敌人，但他们遇上暴风雨，因此没有成功。清晨，他再次发起袭击。在战斗中，雅典军官竭力阻止伯罗奔尼撒人使用那些曾经让雅典舰队大获成功的策略。

阿吉纽西战役

过了一段时间，战斗人员被打散了，分成几个小战场，就像在锡拉库萨港的恶斗一样。在其中一个小战场中，卡利克拉提达斯的战船与一艘雅典战船激烈碰撞，卡利克拉提达斯被抛入水中，此后再也没有人看到过他。最后，斯巴达舰队的左翼失去控制，士兵们纷纷逃跑，整支舰队几乎都被摧毁。

雅典人的胜利与卡利克拉提达斯之死

有的记载说，胜利后雅典人花费了一定的时间来追赶逃跑的敌人；还有记载说，将军们委托泰拉麦奈斯和塔拉叙布鲁斯，让他们尽可能从被损毁的战船中寻找还活着的士兵，他们自己

被包围的斯巴达中队离开米蒂利尼

则急切地赶往米蒂利尼，以便封锁厄特翁尼卡斯带领的舰队。据说，这些人遇上了一场强烈的暴风雨，不得不放弃这个计划。除非他们立刻出发，否则厄特翁尼卡斯就要逃跑。其实，战斗的结果刚见分晓，卡利克拉提达斯就派出一艘小艇，将消息带给了厄特翁尼卡斯。厄特翁尼卡斯沉着冷静，命令士兵们回到海上，唱着胜利赞歌返回。他庄严地祭神致谢，命令士兵们赶快吃完饭，与商船一起驶向希俄斯岛。然后，他放火烧了营地，将陆军撤到麦提姆纳。当厄特翁尼卡斯的舰队出发前往希俄斯岛时，风势很好，吹着正北风。虽然科农发现前面的路很好走，但在风势减弱之前，他不敢冒险加入从阿吉纽西返回的雅典舰队，这足以证明风势之猛烈。最后，科农与同僚们会合，先去了米蒂利尼，然后去了希俄斯岛，希望能收复这座因为叛乱而给他们带来巨大麻烦的城市。但他们失败了，这说明雅典舰队已经筋疲力尽。莱山德在战胜雅典的领航员安提奥科斯之后就没有获得新的任务了。现在，整个雅典舰队在希俄斯受阻，几乎是失败了，不得不返回萨摩斯。

泰拉麦奈斯和塔拉叙布鲁斯指责众雅典将军　　结果证明，阿吉纽西战役之后的这场风暴给了雅典致命一击。在这次行动中，有二十五艘雅典战船遭受了不同程度的损毁。雅典将军欧吕普托莱穆斯（Euryptolemos）承认，当将军们下令让四十七艘三桨座战船前来援救时，他们还有十二艘战船留在水面上。因此可以计算出，至少有一千五百人白白丢了生命。如果众将领不是忙着争辩，而是立即赶来营救他们，这些人或许可以得救。在传回雅典的第一则消息中，雅典将领上报了他们的胜利，说明了他们的损失数量，还补充说，战斗结束后一场暴风雨立刻来临，他们无法赶去救援受损的三桨座战船上的士兵。在第二则消息中，他们说把检查战船残骸的任务委托泰拉麦奈斯和塔拉叙布鲁斯。这两人回到雅典，认为第二份消息中，将领们要了花招，把不作为的责任转嫁给他们。泰拉麦奈斯和塔拉叙布鲁斯大胆否认了事实，他们声称战后没有出现风暴，自己也没有受到委托。因此，问询实际上只解决了一个问题，那就是泰拉麦奈斯和塔拉叙布鲁斯是否被命令去查看战船的残骸。如果这两位掌管四十七艘战船的军官收到命令，那就说明将军们尽到了他们的责任，该受到惩罚的应该是那些没有遵守命令的人。但雅典人认为，有理由召回所有的海军将领，因此，这些将领的指挥权被迫移交给了科农。收到召回令后，有两位将军怀疑事情没有那么简单，便效仿阿尔西比亚斯德在西西里收到召回令时的做法，最终选择逃跑。其余六位将军自信满满地回到了雅典，却在同胞的手上吃尽苦头。

  所有人都被带到议会上，六位将军与其他战船的指挥官一致表示，泰拉麦奈斯和塔拉叙布鲁斯受到了委托去查看沉船，还补充说，不会因为塔拉叙布鲁斯的指责说谎，他们并无意反驳他的指责。那场暴风雨让他们根本无法采取任何行动，所以无论是他们，战船的指挥官，还是他们的副手，都不应该为他们无能为力的事情承担罪责。为了证明所言不虚，他们让战船的领航员和当时在场的其他人为其作证。在这次议会上，泰拉麦奈斯和他的支持者根本无法像以前在元老院面前一样，否认自己受到委托的事实。六位将军简单直接的回答，再加上可信证人的证词，自然产生了效果。人们很快就相信他们是清白的，而泰拉麦奈斯则被判定为说谎。但现在天色已晚，议会把剩下的讨论推迟，命令元老院思考如何最好地对被告进行审判。

雅典议会上将军们获得有利于他们的印象

泰拉麦奈斯的谎言

其实，根本不需要进一步讨论就可以得出以下结论：将军们的陈述是一致的，而且基本上是真实的；他们本该立即去救援沉船，但一直在争论，因此应该受到责备；议会上，许多战船因为没有前往救援被困士兵而遭到训斥；在战斗结束前风力就在不断增强，后来发展成三桨座战船都难以抵挡的暴风雨，困住战船前去执行任务的脚步。如果说在将军们回来之前，泰拉麦奈斯确实在忙着煽动公众对他们的不满情绪，那么在他回到雅典后，即使无法将这些将军们置于死地，也要让他们颜面尽失。他的动机到底是什么？这根本不值一问。他在整个职业生涯中不断作恶，他背叛过雅典的政体，违反过雅典的法律，还曾支持安提丰及其教唆者进行的有组织的谋杀行动。由于未能从他们那里获得想要的报酬，他背叛了同伙，与他憎恨的人站到了一起。最后，我们可以看看他生命中的最后一幕，当克里提亚斯谴责他是谋杀将军们的凶手时，他情绪激动地回答说，他从来没有指控过他们；反而是将军们把没有救援溺水士兵的责任算在他和其他人身上，事情败露以后还要指控他们不服从命令。他们之所以失败，只是因为暴风雨把他们困住了。泰拉麦奈斯还说，将军们坚持认为给他们安排的任务是可行的，自己却离开了，这说明将军们是在故意谋划，想要毁掉他们。然而，泰拉麦奈斯忘记了，如果暴风雨真的像他向克里提亚斯描述的那样可怕，那么将军们怎么可能置他于完不成任务而听天由命的境地，他们自己又怎么可能立即驶向汹涌的危险之中呢。

泰拉麦奈斯的阴谋

议会决定推迟讨论，现在又遇上阿帕图利亚节（Apaturia），所以要等到节日之后才能重新开始讨论。庆祝这个节日的主要是古代雅典贵族，所以它肯定与梭伦之前的雅典政体有着密切关系。这个节日激发了雅典人重家轻国的思想，他们认为家就是一切，而国什么也不是。这成为泰拉麦奈斯点燃火焰的炉灶，而这场大火最终会吞噬所有的受害者。

泰拉麦奈斯坚持认为，如果死者的族人不能站出来复仇，就会给他们古老的家族带来耻辱。沉船上的士兵因为将军们失去了生命，所以将军们必须被处死。而死者的亲属应该剃头着缞，包围议会，逼人们同意举行大祭。好戏就要开场了。

在元老院，卡利克塞努斯（Kallixenos）提出一个不公正的建议：不需要进一步讨论了，应该立即进行审判。他的理由是上次会议已经听取了控告者和被控告者的证词。第二次会议开始，哀悼者们身着黑色丧服，像野兽一样哀号，为了死者流过的血。他们的哭泣和眼泪让人们的情绪激动起来。突然，有个人站出来说，他其实是溺水士兵中的一员，遇难时因为抓住一只木饭桶逃过一劫。他漂走时，最后听到的是同伴们苦苦的哀求声。当时他就想，获救以后一定要告诉雅典人，他们的将军们是如何抛弃自己最勇敢的同胞的。听完他的话以后，人们的情绪已经由激动变成了愤怒。

卡利克塞努斯的提议

雅典法律规定：只有在所有陪审员都宣誓以后，法庭才可以对公民进行审判；被告应提前收到审判通知；给予时间准备辩护后，被告应该与原告当堂对质。但是，卡利克塞努斯的提议跳过了以上所有环节。根据违法提案起诉法令，任何提出违宪提案的人都应该被起诉。欧吕普托莱穆斯和其他人想平息正在吞噬人们的愤怒情绪，但为时已晚。哀悼者们把头发剃光，身着黑色丧服，放声高呼，在场的大多数公民都与之共鸣，认为民众有权做自己想做的事。泰拉麦奈斯确实取得了胜利。拜

欧吕普托莱穆斯的修正提议

佩桑德罗斯的教育所赐，人们才会如此狂热，连欧吕普托莱穆斯都无法控制场面。议会中普遍有一种态度，那就是即使违反所有的法律和惯例，也应该让将军们当天喝下毒芹汁。欧吕普托莱穆斯被告知，如果他不收回威胁，他和帮手们也应该分享这杯毒芹汁。议会决定，卡利克塞努斯的提议可以提交给人民来做决定。但想要对这个提议进行投票，必须先征得五十人主席团、十名主持议员以及这条违法提议的部分反对者的同意。欧吕普托莱穆斯和他的同伴还被告知，继续抵抗只会给他们带来厄运。在这十个人中，只有一个人顶住了压力，这个人就是苏格拉底。议会直接驳回他的反对意见，开始对卡利克塞努斯的提议进行投票，欧吕普托莱穆斯站起来要引导人们反对这个提议。在所有被指控的将军中，小伯里克利是他的亲戚，戴奥密敦是他的密友，但是欧吕普托莱穆斯不希望庇护任何被合法判定为有罪的人。他认为根据法律和宪法惯例，需要一天的时间来单独讨论每个案件。除了发出警告以外，他还简短叙述了他认为真正发生的事实。最后，他提醒人们，他们即将判处的是为他们赢得胜利的人，而这次胜利几乎决定了整场战争的结局，也为雅典帝国的重建提供了基础。他说，这些人非但不该被处死，他们身为胜利者应该享受荣耀，作为雅典的恩人，他们应该受到尊敬。

对将军们的谴责与谋杀　　经过投票表决，五十人主席团宣布通过欧吕普托莱穆斯的修正提议。主持议员们为了避免坐实将军们的重罪，坚持再次进行投票，但人们已经看穿他们的花招。于是，再次投票遭到否决，现在唯一的任务就是通过其中一次投票来判定将军们是否有罪。在泰拉麦奈斯和他的同谋者的不懈努力下，结局正如他们所愿：六位将军都被判处死刑，当天晚上就被处决。伯里克利为了雅典毕生辛劳，而雅典回报他的方式就是处死了他的儿子。为了证明这次屠杀的公正性，雅典人判处戴奥密敦和埃拉斯尼戴斯（Erasinides）同样的刑罚，而前者曾经主张即使推迟一切行动也应该去查看沉船，后者曾经认为当时的当务之急是前往米蒂利尼援助科农。没过多久，雅典人就开始对他们的疯狂罪行感到后悔，但他们仍然本性难改。无论是在米提亚德（Miltiades）时代，还是在锡拉库萨大败后，抑或是现在，他们都习惯性地把罪责推给提出意见的人，从来没想过自己承担。

极大的罪行很快就带来了恶果。人民开始对官员失去信心，而且他们也感到，无论对国家做出多么大的贡献，都不能保证他们免受非法起诉或任意惩罚。腐败正在侵蚀国家的心脏，叛国行为似乎也没有那么丑陋不堪。有些人不认为叛国是多么严重的事，认为这不会给他们带来伤害。这些人发现与敌人保持暗中交易可以让他们获得利益，所以没有人敢确定自己最信任的人会不会是叛徒。雅典的舰队已经撤回到萨摩斯，将军们以这个岛为基地行动起来，但不是为了粉碎敌人，而是为了获得金钱。菲洛克勒斯（Philokles）和阿得曼托斯（Adeimantos）被派去协助科农，不过后来又派去了凯菲索多托斯（Kephisodotos）和堤丢斯（Tydeus），最后来的是米南德，因此，萨摩斯岛总共有六名雅典将领。

无论是在希腊还是在小亚细亚海岸的斯巴达人都很清楚，再打一场仗就能决定战争的胜负。如果斯巴达再打一次败仗，波斯人就会撤销对斯巴达的资助，他们才不会把钱花在注定失

雅典舰队返回萨摩斯

莱山德的活动

败的人身上,也许转过头去把钱给雅典人。所有的军队和舰队都认为莱山德是唯一能应付这种紧急情况的人。根据斯巴达的传统,不能两次任命同一个人为海军司令,所以莱山德是作为阿拉科斯(Arakos)的副将被派出征,但是大家都清楚莱山德才是真正的统帅。这年年初,莱山德开始积极筹备,他为厄特翁尼卡斯手下的战船指派了可靠的司令官,把在阿吉纽西战役中幸存的船只集中起来,并下令在安坦德罗斯(Antandros)建造新的船只。在米利都,他还有另外一项工作要做。那里的两个寡头集团似乎处于对立状态,其中一个集团希望维持卡利克拉提达斯的政策。为了解决这些相对温和的人,他们的对手通常选择秘密暗杀或公开屠杀。据记载,约有四十名最具声望的人被秘密谋杀,三百名最富有的人在集市上被趁乱砍死。就这样,米利都完全落入莱山德一派的手中。

公元前 405 年

莱山德从罗得岛驶向斯巴达在阿拜多斯的驻地,计划进攻兰普萨库斯。雅典舰队则沿着希俄斯岛临海一侧行进,一路跟随莱山德。

雅典舰队抵达伊哥斯波塔米

雅典人在埃莱厄斯吃早饭时,听到了兰普萨库斯被攻陷的消息。当天晚上,他们来到山羊溪河口的伊哥斯波塔米(Aigospotamoi)。在吃晚饭时,这支由一百八十艘三桨座战船组成的庞大雅典舰队被全部歼灭,再也没有回到雅典。在应对敌人时,莱山德决定只采取防御性行动,因为这样做迟早能让雅典人放松警惕。事实上,他不可能不知道当初在埃皮波莱究竟是什么原因摧毁了狄摩西尼的伟大计划。他很清楚,雅典的纪律与斯巴达的纪律不同,雅典人很容易因为成功而变得松懈。黎明时分,莱山德下令让战船准备作战,并下达严格的命

第七章　伯罗奔尼撒战争
从基诺塞马战役到雅典投降

令，不得因前进攻击敌人而破坏作战阵型。傍晚时分，雅典舰队在与伯罗奔尼撒人对峙一整天后，无功而返，退回到伊哥斯波塔米。一支斯巴达海军中队受命跟随雅典人，他们要在确保雅典战船上所有士兵上岸之后才能返回。斯巴达连续四天都采用这种战术。每一天过去之后，雅典人的警惕性都会有所降低。雅典军营如今驻扎在一片空旷的海滩上，最近的城市塞斯托斯（Sestos）离这里将近两英里。在这片广阔的土地上，士兵们每天都分散开来寻找食物，所以雅典战船处于无人看守的危险状态。斯巴达舰队从兰普萨库斯获得供给，几乎可以做到闻令即动。阿尔西比亚德斯在克森尼索的堡垒上清楚地看到，他的同胞们身处险境。为此，他提议发出警告，但都遭到粗暴的拒绝。堤丢斯对米南德说，现在他们才是雅典的将军，而阿尔西比亚德斯不是。第五天，斯巴达海军中队像往常一样跟随雅典舰队撤退到伊哥斯波塔米的营地，他们要等到雅典人在营地上分散开来以后，才可以返回，并举起盾牌作为信号。

看到信号后，莱山德下令迅速出击。每个士兵马上就位，几分钟后便大功告成。科农驻守在岗位上，菲洛克勒斯也许就在附近，但他们都几乎无能为力。有的三桨座战船只有两组桨手，有的只有一组桨手，大多数甚至没有桨手。整支雅典舰队都落入了圈套，但并没有发生战斗。

<small>斯巴达人围捕雅典舰队</small>

敌人正忙着夺取战船，并把俘虏围在岸上。看着眼前的景象，科农瞬间明白，已经没有希望了，他带着九艘战船匆匆来到兰普萨库斯东面的海角阿巴尔尼斯（Abarnis），其中一艘是帕拉利亚（Paralia）的三桨座战船。他还带走了伯罗奔尼撒舰队的大帆，这大大挫伤了他们的追击力量。然后，他顺

<small>科农携九艘战船逃跑</small>

着赫勒斯滂海峡而下，去找他在塞浦路斯的朋友埃瓦戈拉斯（Euagoras），而那艘帕拉利亚战船则前往雅典执行一项悲惨的任务。

莱山德屠杀雅典俘虏

被俘的船只和士兵被带到兰普萨库斯，莱山德开始对雅典俘虏进行审判。据说，假如当初雅典人在伊哥斯波塔米取得了胜利，那么就一定会犯下他们被指控的这些罪行。所有人都被判处死刑。身穿白衣的菲洛克勒斯走在长队的队首，被带到了刑场。在他临刑前，莱山德指责他不顾阿得曼托斯的反对，把一艘科林斯战船和一艘安德里安（Andrian）战船上的士兵扔到海里，开启了无法无天的邪恶之门，违背了希腊人的原则。莱山德清楚地知道，希腊人习惯赋予征服者对俘虏的绝对权力。如果菲洛克勒斯真的用长矛刺穿了这些科林斯和安德里安俘虏的身体，那么他的行为不过是斯巴达指挥官在每场战争中的惯常做法，即使是在和平时期这种行为也并不少见。事实上，无论莱山德的动机是什么，他选择了以一种不那么痛苦的方式将俘虏处死，而且还拒绝活埋这些活生生地站在他面前的俘虏。有人认为他的做法侮辱了流传于所有希腊各部落的普遍宗教信仰，因此指控他违反了希腊的军事惯例。

雅典将军中的叛徒

事实上，菲洛克勒斯对雅典是忠诚的，但他的名声就此被玷污。阿得曼托斯在屠杀中幸免于难，原因是他出卖了舰队，很多人心里都确信这一点，有些人则直接说了出来。阿得曼托斯需要掩盖他的背叛行为，并为他的逃跑寻找一个体面的借口，所以他的理由就是他反对同僚的残暴行为。但是，如果引发这次突袭的，一边是波斯人的黄金，一边是雅典人的贪婪，那么背叛行为就不可能只限于一人。如果只是一个人叛国，几乎不

第七章 伯罗奔尼撒战争
从基诺塞马战役到雅典投降

可能不引起其同僚的怀疑。但如果叛徒的人数与忠诚将军的人数几乎相等,那么后者的努力可能被中和甚至抵消,而且很难发现叛徒不诚实或不忠诚的迹象。在六位将军中,菲洛克勒斯和科农的忠诚是毋庸置疑的,因为除了他们,我们没有听说其他人在战后被处死。根据地理学家帕萨尼亚斯[1]的说法,堤丢斯所接受的贿赂并不亚于阿得曼托斯。

米南德无礼地拒绝了阿尔西比亚德斯的提议,所以他应该和堤丢斯脱不了干系。至于凯菲索多托斯,因为没有相关记载,所以我们无从判断。但科农确信,是莱山德的策划和阿得曼托斯的蓄意而为造成了雅典舰队的毁灭。如果科农的想法是正确的,那么对于这场浩劫的整个叙述就变得清晰明了,因为在任何其他假设下,它都是一个令人困惑的无解谜团。

出现如此大规模的背叛行为,原因只能是根深蒂固、广泛蔓延的腐败。在六位将军中,不要说有四位,只要有三位把雅典舰队的消息出卖给敌人,那么雅典就不再是阿里斯提德或伯里克利所塑造的雅典。阿得曼托斯得以成功叛变,唯一的原因就是他得到了同僚的充分支持,他们在不引起怀疑的情况下,成功阻挠了其他人的行动。这时,叛徒们最需要做的事情就是将雅典舰队置于极度危险的境地。他们找了一个借口:鉴于敌人已经掌握雅典舰队的弱点,所以舰队要防止敌人侵袭。雅典舰队每天都在发出挑战,而伯罗奔尼撒人却胆怯地拒绝了,这激起雅典人对敌人的强烈蔑视。这种致命的自信,会让这些贪婪之徒渴望的东西变成现实。没有这样的计谋根本不可能酝酿

> 背叛的原因

---

1 与斯巴达国王同名。——译者注

出如此大规模的腐败，很多因素都在起作用，但所有的原因都可以归结为对法律的忽视和对政体的无视，这是自西西里大败以来雅典历史的明显特征。叛徒们表示，与摆脱外部压力获得独立相比，政府的形式其实没有那么重要。雅典民众被说服了，同意将雅典的权力授予他们。之前的暴政统治一直让雅典人相信，寡头统治下的政府仅仅意味着对斯巴达的服从，现在他们推翻了暴政，不过他们还是相信甚至宣称，雅典民众不需要服从法律，实际上可以为所欲为。如果科农和菲洛克勒斯能够像他们一样得到同僚的支持，那么莱山德的失败就是明达鲁斯或卡利克拉提达斯失败的一个信号。另一场灾难让小居鲁士明白，他支持雅典的敌人实际上是在进行一场注定失败的比赛。很明显，无论是雅典还是斯巴达，只要一方再失败一次，就能结束这场在爱琴海和赫勒斯滂海峡进行的战争。雅典不可能再组建一支舰队。如果雅典取得了胜利，波斯国王就不可能继续资助那些拿了他的钱却无以为报的人。而且可以肯定的是，如果伊哥斯波塔米的这场战役重蹈阿吉纽西战役的覆辙，那么没有波斯国王的援助，斯巴达根本不能继续进行海战。

雅典内部的沮丧情绪 灾难的消息如暴风雨般呼啸而来。帕拉利亚的三桨座战船到来后，雅典城墙内到处都是痛苦和绝望的呼喊。当战船驶入城内后，呼喊成为刺耳的哀号。当天晚上，哀号声响彻云霄，没有人敢闭上眼睛睡觉。在这惊恐万分的时刻，他们清楚地回忆起自己在过去所犯下的可怕罪行。

准备围攻 展望前景，看不到任何一丝慰藉；但如果无条件投降，就意味着斯巴达人能够处死任何雅典公民，并将他们的妻子和子女贬为奴隶，这是雅典人无法想象的后果。雅典通过一项法令

第七章　伯罗奔尼撒战争
从基诺塞马战役到雅典投降

来阻止斯巴达战船进入港口，阻挠斯巴达人为围攻所做的一切准备。

但是，莱山德并不着急封锁雅典。他确信，雅典一定会投降，否则他们会陷入饥困，他准备让雅典人感受饥荒的痛苦。驻守在卡尔克登和拜占庭的雅典驻军被直接召回雅典，因为只有这些驻军同意在雅典城墙内驻守，雅典人才能免于一死。莱山德的当务之急是建立斯巴达的霸主地位，斯巴达一直都在说服雅典的盟友们将其视为最大的福祉。现在，莱山德的道路畅通无阻。除了萨摩斯岛的公民认为，如果被寡头统治，将会给自己带来严重伤害，因此拒绝向斯巴达妥协，而其他地方都没有反对意见。

莱山德在东部的行动

最后，莱山德向雅典进发。一支由一百五十艘战船组成的舰队在蹂躏了萨拉米斯之后出现在比雷埃夫斯港。曾经，一支雅典舰队从这里出发，它的规模虽然不大，却更加壮观。这支舰队的目标是建立雅典在西西里的霸主地位，打造一个泛希腊帝国，而距离这一幕过去还不到十年的时间。现在的问题是，雅典是否能够坚持某些条款或者无条件向征服者屈服。

莱山德封锁比雷埃夫斯港

雅典派出第一个使团前往斯巴达觐见国王阿吉斯，表示愿意与斯巴达自由结盟，想借此保留雅典对比雷埃夫斯港和长墙的所有权。阿吉斯把这些事宜移交给斯巴达的监察官，他们让雅典使者回去，等想出更合理的条件后再来斯巴达。陷于围困中的雅典人民早已被痛苦裹挟，如今又听到斯巴达回绝雅典的提议，他们明白只有彻底摧毁雅典才能让斯巴达满意。无论这一点是否存疑，但可以肯定的是，在雅典能够提出或做出任何安排之前，成百上千的雅典人只能继续挨饿。斯巴达人表示他们已经准备好了一个

雅典求和未果

条件，但雅典人仍然不同意亲手一点一点地将长墙拆毁。

泰拉麦奈斯出使斯巴达

日益严重的饥荒让雅典人明白他们必须有所行动。第二次出使斯巴达时，雅典派出了泰拉麦奈斯。当他回来时，雅典已经在苦难中挣扎了三个月。即使如此，他也没有从莱山德那里得到进一步答复，斯巴达表示只有监察官可以考虑和平条款。继续犹豫不决只会带来绝对的毁灭。雅典城内饿殍遍野，泰拉麦奈斯和其他九名同僚一起被派往斯巴达，雅典授权他们以任何条件达成和平。在斯巴达，雅典使者面对的是伟大的多利安联盟代表，他们一直把雅典的力量视为绊脚石。科林斯人和底比斯人都疾呼摧毁雅典。但斯巴达人宣称，他们绝不会允许雅典这样一个对希腊有着巨大贡献的城市受到奴役。我们可以理所当然地认为，斯巴达人之所以心怀仁慈，是因为他们意识到在不远的将来，雅典的存在对他们来说可能比底比斯更有价值，即使斯巴达不需要利用雅典的帮助来对付底比斯。

斯巴达人同意的条款

最后协商的结果是：雅典人必须拆毁所有的长墙；交出所有战船，只能保留十二艘战船；必须召回所有流放者；必须绝对服从斯巴达的命令。当泰拉麦奈斯和同僚一起带着这些消息从比雷埃夫斯港回来时，人群蜂拥而至围住了他们。人们想知道苦难是否已经结束，或者他们还需要一直忍受，直到所有人都走向灭亡。他们得知，已经不用担心自己的生命和自由了。但直到第二天，他们才知道具体的和约条款。面对最后的屈辱，少数人仍然试图反抗，但最后还是不敌大多数人的屈服。雅典投降了，这场漫长的斗争终于走向终点。

雅典投降

不久之前，从比雷埃夫斯港出发的舰队被阿得曼托斯欺骗而毁灭，最后让雅典也走向了毁灭。现在，莱山德带领斯巴达

第七章 伯罗奔尼撒战争
从基诺塞马战役到雅典投降

舰队进入这个港口，还带来了那些臭名昭著的流亡者。

军火库被拆除，码头上未造完的船只被烧毁。歌舞声中，长墙的拆毁工作正式开始。荒凉的比雷埃夫斯港只剩下十二艘战船。按照斯巴达的说法，希腊迎来了自由的第一天。

长墙被拆除

地米斯托克利塑造了伟大的雅典帝国，伯里克利曾经试图为其建立起一道坚不可摧的屏障，但雅典帝国还是走向了灭亡。两位伟大政治家的心血化为乌有（因为雅典帝国从未真正苏醒过）。强大的多利安部族及其盟友决心坚决抵制雅典政体的思想基础，而在雅典，也有一个力量强大的少数群体决心顽强抵抗。显然，雅典已经不可能再有其他结局了。至于雅典政体，即使其形式再粗糙，再不完善，也是对旧式贵族势力掌权下的孤立思想的反抗。斯巴达的社会形式赋予其顽强的毅力，凭借这种毅力，斯巴达得到了希腊世界的普遍同情。即使雅典帝国的版图扩张到史上最广，权力达到了最为稳固的状态，即使盟友们清楚他们从雅典身上获得了无法依靠自己实现的好处，但他们还是感到痛苦，因为雅典干预了他们神圣的、不可侵犯的自主权。雅典的同盟们尽管不能明显表示不满情绪，但将他们的命运与雅典联系在一起绝不会让他们高兴。即使没有积极地渴望脱离雅典同盟，但对雅典的遭遇他们至少也表现出冷漠的态度。

雅典帝国衰落的原因

雅典是个好战的民族，不仅敌人这么认为，就是盟友有时候也会这么想，雅典就是这样一个民族。英国维持着广阔而又分散的殖民地，雅典政客基于同样的政治本能建立起一种井井有条的社会结构，这种社会结构与英国的政体表现出显著的相似性。提洛同盟的诞生是不可避免的，它推动雅典霸权迈上新

雅典帝国的性格

的高度，迫使这座帝国性的城邦一定程度上干预了其他城邦的自由。这些城邦可能没什么好处，但有能力引发争端。而且，即使他们什么都不做，也能与联盟中那些事事亲为的成员获得同样的利益。总的来说，雅典对盟友的干涉十分轻微，为了保护盟友的自由和权利，甚至不惜反对自己的公民。雅典法庭为盟友之间的争端提供了巨大的保护，他们小心地保护这些盟友免受外部势力的攻击，整个历史的进程足以证明以上各种情况。简而言之，尽管雅典人有很多缺点，还犯下了种种罪行，但他们是在为法律和秩序而战。他们认为，如果法律和秩序仅仅在一座城邦内生效，根本无法维持。雅典人是在为建立一个国家而努力，但希腊各部落和城邦并不愿意与彼此形成一个国家。遇到的抵抗迫使雅典对盟友进行更彻底的控制，因此雅典的统治也表现得十分专治。然而，与斯巴达的恐怖统治相比，即使雅典的统治再糟糕，也只算一个轻微的枷锁。雅典试图成就伟业，但这个世界还没有成熟，那些被诱导联合起来反对雅典的城邦，大部分都醒悟过来，他们确信自己被欺骗，还有了阴影。从此以后，当同盟城邦们想要控告其他城邦或雅典官员的暴力行径和不公正行为时，再也找不到相应的机构；再也没有人能够在寡头统治下的公民心中激发起有益无害的恐惧；再也没有任何最高议会可以随时审理对杰出将军的控告，并不分高低贵贱地进行公正的惩罚。最重要的是，再也没有一个这样的盟主国家，其一切事务都在公开的法律程序下进行，在原告和被告对质时耐心仔细地审查证据。相反，雅典联盟成员现在感受到的一种截然不同的制度，这种制度将寡头统治强加到每个城邦身上。斯巴达派遣的官员负责管理这些寡头，但如果斯巴达官员或其部下犯下可怕的罪行，寡头们也不会予以纠正。在雅典，如帕切斯这样的名将可以很快通过审判得到惩罚，但从此之后，他们需要到斯巴达才能进行控告，并且案件未经审理就被打回来。最重要的是，他们将受制于一个不经审判就进行谴责、不经警告就进行打击的政府。在这个政府的统治下，公开法庭不复存在，取而代之的是地方行政长官的不负责任和胡作非为。这些地方行政长官通过各城邦的总督到处行使绝对权力。因此，从今往后，希腊将不会有政治上的发展，不会出现为促进共同利益而进行的良性仿效，甚至不会再形成为所有成员利益而存在的联盟。人们对联盟的自豪感不复存在。简而言之，在多利安领主的领导下，希腊城邦会发现，斯巴达所承诺的自由其实是一种特权，因为只有主宰者才能要求其下属像奴隶一样服从他们。

附 录
专有名词对照表

A

Abydos	阿拜多斯
Achaia	亚该亚
Acharnian	阿卡奈人
Admetos	阿德米托斯
Aegean Sea	爱琴海
Aigina	埃伊纳
Akropolis	雅典卫城
Alkidas	阿尔基达斯
Amphipolis	安菲波利斯
Argilian	阿吉拉斯人
Argos	阿尔戈斯
Aristagoras	阿里斯塔格拉斯
Aristeides	阿里斯提德
Artaphernes	阿塔非尼斯
Artaxerxes	亚达薛西一世
Aryan	雅利安
Attica	阿提卡

B

Boiotia	维奥蒂亚
Boiotian confederacy	维奥蒂亚同盟
Bosporos	博斯普鲁斯海峡
Brasidas	布拉西达斯

C

Cannae	坎尼
Cape Tainaron	泰纳伦角
Chalkioikos	雅典娜查克欧罗克神殿
Corinth	科林斯
Corinthian	科林斯人
Cyprus	塞浦路斯
Cyrus	居鲁士；小居鲁士

D

Darius	大流士
Dekeleia	德克莱亚
Delos	提洛岛
Delian Synod	提洛会议
Diodorus	狄奥多罗斯
Dorian	多利安人
Doriskos	多利斯库斯

E

Edonian	埃多尼亚人
Eleusis	埃琉西斯
Ephesus	以弗所
Epidauros	埃皮达鲁斯
Eretria	埃雷特里亚
Euboia	优卑亚岛
Eupatrid	氏族贵族
Eurymedon	攸里梅敦河

G

| Geraneia | 格拉内亚 |
| Gongylos | 贡吉洛斯 |

H

Hannibal	汉尼拔
Hellas	希腊
Helo	希洛人
Herodotos	希罗多德
Hippias	希庇亚斯
Horatio Nelson	霍雷肖·纳尔逊

I

| Ionian | 爱奥尼亚人 |
| Ithome | 依托木 |

K

Kallias	卡利亚斯
Kilikian	基利克人
Kimon	客蒙
Kition	克提昂
Kleisthenes	克里斯提尼
Kolonai	科罗奈
Koroueia	柯洪内亚
Korkyra	克基拉
Kroisos	克罗伊索斯

L

Lampsakos	兰普萨库斯
Lydia	吕底亚
Lykia	利基亚

M

Magnesia	马格尼西亚
Mardonios	马多尼奥斯
Median	米提亚人
Megara	麦加拉
Messene	麦西尼
Messenian	麦西尼亚人
Molossian	米洛斯人
Mounychia	穆尼希亚
Mykale	米卡尔
Myous	米攸斯
Myronides	米隆尼德斯
Mytilene	米蒂利尼

N

Napoleon	拿破仑
Naupaktos	诺帕克托斯
Nikias	尼西亚斯
Nisaia	尼塞亚

O

Oinophyta　　　　　　奥伊诺菲塔

P

Pamphylia　　　　　　潘菲利亚
Pausanias　　　　　　帕萨尼亚斯
Pegai　　　　　　　　佩盖
Peiraieus　　　　　　比雷埃夫斯
Peisistratos　　　　　庇西特拉图
Peloponnesos　　　　 伯罗奔尼撒半岛
Perikles　　　　　　　伯里克利
Phaleron　　　　　　　法勒隆
Phenician　　　　　　腓尼基人
Phokian　　　　　　　佛基斯人
Plataia　　　　　　　 普拉提亚
Plemmyrion　　　　　 普莱米里翁
Poseidon　　　　　　 波塞冬
Potidaia　　　　　　 波提狄亚
Propontis　　　　　　普罗庞提斯

S

Salamis	萨拉米斯
Solon	梭伦
Sousa	索萨
Sparta	斯巴达
Synod	教会会议区

T

Tanagra	塔纳格拉
Thasian	萨索斯人
Thasos	萨索斯岛
Thebes	底比斯
the Delian Confederacy	提洛同盟
the Ephors	五监察官
the fight of Trafalgar	特拉法尔加海战
the Hellespont	赫勒斯滂海峡
the Nine Roads	九条路
the Saronic gulf	萨罗尼克海湾
the Spartan Commission	斯巴达委员会

Temenos	忒墨诺斯
Themistocles	地米斯托克利
Thermopylai	温泉关
Thessaly	色萨利
Thourioi	突黎瓦
Thrace	色雷斯
Thucydides	修昔底德
Troad	特洛德

X

Xerxes	薛西斯

译者说明

《雅典帝国史》(The Athenian Empire)的作者是英国著名历史学家G.W.考克斯。本译本以1888年朗文－格林出版社第6版为底本进行翻译。

在翻译过程中，新增译者注释，以方便阅读、理解。

在正文后增加专有名词中英对照表，以方便查阅、对照。

如有错漏，万望校正。